29カ国と交渉した
商社マンが教える

実践的英会話術

齋藤 慎太郎
Shintaro Saito

文芸社

はじめに　二九カ国は伊達じゃない

「僕は二九の国に行きましたよ」とちょっと国際通を気取ってみると、「あら、私は三六カ国に行きましたわ」と高校の英語の先生。学生時代に南米に飛び出し、以後あちこちを歩いているという。英語はもちろん、スペイン語もペラペラ。そしてなぜか北京語まで操る。こんな人に出会うと何カ国行ったかなんて、あまり自慢にはならない。上には上がいるものだ。

だが、僕の二九の国は若干の例外を除けば、実際に商売をしてきた国々である。アメリカ、カナダ、メキシコ、フランス、イギリス、ドイツ、スイス、スロベニア、イタリア、スペイン、ベルギー、オランダ、ドイツ、スウェーデン、フィンランド、ロシア、中国、マカオ、台湾、香港、韓国、フィリピン、タイ、インド、マレーシア、シンガポール、オーストラリア、ニュージーランド、フィリピンと人種や言葉、習慣、宗教は多岐にわたる。

業界誌や展示会で興味を持ったお客様に商品の説明をし、僕の商談がスタートする。簡単なようだが、交渉は何度にもわたり、情報の交換は何十回にも及ぶ。

学校を卒業して最初に入った電気業界は日本の産業の花形だったが、その後、貿易会社、メーカーと会社を変わること五回。いずれも倒産や廃業によるものだが、あまり自慢できる話ではない。だが、携わってきた貿易実務とその営業はどの会社でも共通のものだ。

貿易会社ではアメリカが主だったが、やがてメーカーに入るとヨーロッパや東南アジアにも販路が広がり、やがて二九カ国になった。残念ながら、取引のほとんどなかった南米、アフリカ、中近東、インドネシアはまだ訪問していない。

各国からバイヤーも訪ねてきて商売も活発になると、今度はこちらから出かけていく番だ。せっかく行くのだからとその近隣の国のバイヤーも訪問したくなる。今回の旅行はイギリスがメインだが、フランスとドイツもカバーしてしまおう。いや、イタリアとスペインも興味を示している相手がいるからそちらも回ってみようと欲が膨らむ。そんなわけで重い旅行カバンを持って、空港から空港へ、ホテルもチェックインとチェックアウトの繰り返し。じっくり吟味する時間もないので安ホテルだったり、豪華ホテルだったり。まるで国際版ドサ回りだ。そんな旅に加えて、ある時行ったドイツではエンジニアとして不良品の修理のために一カ月の長期滞在をしたこともあった。

台湾と香港などは、メーカーとして現地で商品を生産するために特に多く訪れた。それぞれ五〇回以上になるだろうか。アメリカも展示会に参加のため、ラスベガス訪問も数えきれないほどだし、シカゴやニューヨーク、マイアミ、ロサンゼルスも相当の回数になる。

そんなわけで、ちょっと開き直って、「僕の二九カ国は中身が濃いんでね。ちらっと二〜三日観光地を見て帰ってくるのとはわけがちがうのよ」とやっぱり威張ってみたくなる。国内では想像もしなかった驚きと感激、問題を解決した時の喜び、そして次第に目覚めた友情。

今は海外に出る回数は少なくなったが、国の名前を言われれば、その国の外気の感覚やにおい、雰囲気、人間性まで思い浮かぶ。冬になって寒さが身に染みるころになると、早朝ニューヨークでレンタカーを借りてガリガリに凍った道路を走ったことを思い出すし、初夏のすがすがしい乾いた空気にあうとスイスのチューリッヒの湖畔を思い出し、ちょっと濁った食用油の臭いにあうと、台湾の下町のレストランを思い出す。
これだけいろいろなところに行くと、一時は「外国なんか卒業してしまった、あまり魅力は感じないね」などと言っていたが、外国の魅力はそんな生易しいものではない。またぞろバッグを引っ張ってどこかへ行きたくなった。

このエッセイは僕の体験から学んだ英語の勉強のコツと、それぞれの国の印象記である。SEASON- 1から3まで分けてあるが、それぞれ基本編、応用編、参考編と大別してみたものである。実際の体験でなければ味わえないアドバイスがたくさん詰まっている。恐らく皆さんもなるほどと思わず納得されるに違いない。特に英語の知識よりも英語に対する心構えが意外と大切なことに気がつかれることだろう。
とかく、自分の不甲斐なさを呪ったり、落ち込んだりするものだが、やがて経験を積むうちにずうずうしくなり、「要するに通じればいいんだろ」という心境に落ち着けばしめたものだ。人間こうなれば怖いものはない。もちろんきれいな品のいい英語に越したことはないが、僕はいつも自信喪失になった時はこの言葉を思い出している。

さあ、一緒に世界に飛び出そう!

目次　29カ国と交渉した商社マンが教える実践的英会話術

はじめに　二九カ国は伊達じゃない……3

SEASON-1

1. 日本人は本当に英語が下手？……16
2. 日本人はお人よしの国民……19
3. ピジンからクレオールへ……21
4. 英語は世界の共通語……24
5. 英語はいろいろな言語のごっちゃまぜ……26
6. 英会話は中学校の学力で十分……29
7. まず日本語を正しく……31
8. ジャパニーズイングリッシュ……34
9. その気になる……37
10. 言語は意思疎通の道具……40
11. 癖があってもよい……43
12. aでもtheでもよい……46
13. ああ、敬語ってやつは……50

SEASON-2

1. イニシアティブを取る……54
2. 辞書はいらないよ……56
3. フォネティック（発音）……62
4. お目当ては観光客……65
5. アズナブール先生の勉強法……68
6. 翻訳とは……70
7. 大きな声でしゃべろう……74
8. 観光立国日本……77
9. 国際交流は地方から……80
10. 英語は非英語国人から学んだほうがよい？……82
11. 独り言を言う……84

SEASON-3

1. 外国人とつきあう方法……90
2. ジョギングの勧め……92
3. チップの功罪……95
4. イギリス人には分からない……98
5. 80日間世界一周……101
6. スープは食え……104
7. イギリスとドイツは料理が下手……106
8. 神へのインタビュー……109
9. グリーンカレー……111
10. 沈黙は金か……115
11. くそ！……117
12. 上司に先にしゃべらせろ！……120
13. 人を馬鹿にするもんじゃない……122
14. 世代を超えたおつきあい……125
15. 特殊な国日本……129
16. 温泉で会ったフランス人……133

姉妹都市編

1. ウイノナ……138
2. アメリカの新聞に載ったぞ!……141
3. アメリカで司会……145
4. こんな人たちもいたんだ……149
5. 分からない単語が出てくるとパニックに……153

ユダヤ人編

1. ユダヤ人とは……157
2. ユダヤ人嫌い……160
3. スティーブ・ウィン……164
4. グイドと老貴婦人の話……166

アメリカ編
1．カジノだぞ〜……170
2．ポール・アンカ……173
3．キャビアのお茶漬け……177
ドイツ編
1．ドイツに長期滞在……181
2．ミュンヘンでホテル探し……184
3．ギリシャ人とハノーバーで……187
フランス編
1．潮のにおいのしないマルセイユ……191
2．激戦の町ダンケルク……195
3．見るだけ五フラン……198

イギリス編

1．大英博物館と焼き栗……202
2．古城のホテル……206
あとがき……210

SEASON-1

1．日本人は本当に英語が下手？ —Are the Japanese really poor in English?

日本人は英語が下手だとよく言われる。下手ならまだいいが、英語が話せないのだ。我々だって長い間英語を勉強しているのに、なんで話せないのか不思議に思っているのだから世話がない。日本人は英語が下手だという理由には、いろいろな説がある。

第一は日本が島国で、外国語と接することほとんどなかったこと。歴史的には、大和朝廷が成立するはるか前から国土が外国に侵害されたことがほとんどなく、江戸時代は鎖国政策で海外と遮断されていた。しかも一四〇〇〇年以上前の縄文人とその後弥生人を祖先とする、ほぼ単一の民族で形成されているとくれば、答えは自ずと出る。つまり、日本人にとって外国語はもともと不要なものであり、それが長期にわたって続いたため、外国語苦手意識がＤＮＡに組み込まれてしまったというわけだ。

第二にあげられるのが学校の教育方法。英語は単に受験対象の科目であって、実用になるかどうかは別問題。大学受験の問題に至っては「アメリカ人に試験問題を見せたら、全然分からなかったよ。日本の英語ってレベルが高いナー」と言ったやつがいた。でも、これではいくら勉強してもまったく役に立たない。少なくとも日本の受験英語は、普段まったく使わない枝葉のさらに枝葉の謎解き英語なのだ。

第三は日本語と英語の構成の違いである。日本語はその発祥が依然謎のままだが、文字を除いては中国語とも韓国語とも違う。ラテン語から変化し、文法に若干の違いはあるものの、かなり多くの単語の源が一緒というヨーロッパの状態とはまったく異なる。中国とは筆談はできるものの、発音はまったく違う。つまり、日本は世界だけでなく近隣諸国においても言語の孤児なのだ。したがって日本人は想像力を働かせてカタコトで英語をしゃべることとさえ、ままならない環境にある。

第四は四方を海に囲まれているので、自分の言いたいことを主張するより、皆とうまくやっていくという和の心を優先させるため、国境を接して隣国としのぎを削ってきた猛者たちにはついていけない。つまり日本人はとても謙虚だということである。遠慮しながら、「アノ～お宅さまは……」などと悠長にしゃべっていたらおいていかれるし、間違ったら恥ずかしいと思って躊躇するし、声が小さくて何度も聞き返されるといやになってしまう。

まとめてみると、日本人が英語が苦手な理由は四つもあるのだ。

1. 島国で外国語に縁がない
2. 学校の英語教育が間違っている
3. 日本語と英語の構成が大きく異なる
4. 日本人は自己主張が弱い

自分の英語下手をこれだけの理由で証明できれば、誰もあなたを責め立てることはしないだろう。

だが、この説を得意そうに話しても、あわれに思われるだけで、誰も同情してはくれない。したがって、日本人の英語の学習には、他の国の人たち以上にその習得のための努力を必要とする。と、まあ初めからハンディキャップを背負っているという自覚のもとに英語の勉強に取り組んだ方がよさそうである。これからそのウイークポイントを一つ一つ暴き、かつ解決していこう。

2．日本人はお人よしの国民 ― Japanese is a good natured nation.

お人よしと言っても現代の我々のことではない。数万年前、アフリカから人類の祖先の移動が始まり、それぞれ中東、ヨーロッパ、東南アジアに気の遠くなる時間を経て移動し、さらにまた、移動した場所を起点としてさらに分岐し、世界中に広がった。

その中で日本は最果ての地にあったために、ここまで来られたのはほんの一握りであり、むしろ弱かったり、迫害されたりした人種がやっとの思いで逃げ延び、たどり着いた土地だったというわけだ。本来ならばこのような場所は自然災害が多かったり、食べ物が育たなかったり、寒すぎて住むのに適していなかったりで、人々は途中で逃げ出すか、悲惨な生活を強いられるものだが、予想に反して日本は住んでみると天国。気候はいいし、山海の珍味はたくさんあるし、害獣はほとんどいないし、元いた場所よりよっぽど良い。

そんな極東の小島には、同じような境遇の人たちがあちこちから集まり、また住み着いている人たちも親切に新参者を迎えたので、一万年以上をかけて、お互いに協力する人の好い縄文人が育った。同時にコミュニケーションの道具である言葉も醸成されていったに違いない。

日本語は世界中でどの言語のルーツにも属さず、まったく独自の発達を遂げた不思議な言語とされているが、いろいろな言語が交じり、気の遠くなるような長い時間をかけてつくられた。中国や韓国などの近隣の国々から入ってきた言葉とも違うから不思議だ。

今までは、弥生人が近隣諸国から稲作と鉄器を持ち込んで、縄文人を席巻して国の基礎をつくったと言われてきたが、この説は今では崩れつつある。弥生人と縄文人とでは言葉の成り立ちが違うし、何と言ってもキャラクターが根本から異なる。

日本はイギリスと違って、海外から大挙して押し寄せた他民族に征服されたり、攻めたり、攻められたりした事実はほとんどないに等しいから温和な性格が育ったと思われる。縄文人がお互いに助け合って生活を営んでいた風景がイメージされて微笑ましくなる。

と、いうわけで、日本人が英語が下手な理由を延々と説いてきたのが一気に崩れてしまいそうな、「島国で外国に縁がない」説とはまったく違うご先祖がいたことが明らかになってきた。つまり、我々のＤＮＡは、いろいろな国から移り住んで来たことを示しているのだ。別の言語を使い、お互いに想像しながらコミュニケーションをはかったであろうご先祖様の素質が、今の我々にもあるということである。つまり、日本人は外国語が得意!!　いや、外国語がうまくなる素質が備わっているということなのだ。

さあ、これが分かったら怖いものはない。英語でも、フランス語でも中国語でも、いやチベット語でもどんどんかかってこい。

まずすべきことは、古代人のように純粋な気持ちを持ち、雑念を払ってこのエッセイを読むことである。

3. ピジンからクレオールへ　―From pidgin to Creole.

日本人の起源は諸説あっていずれも信ずるに足りないが、ただハッキリしているのは、日本列島には様々な地域から海を渡って外部からご先祖たちが移り住んで来たということである。

青森県に縄文時代の代表的な遺跡、三内丸山遺跡がある。物見やぐらや集会場のような建物を見ると、当時の人はいったいどんな言葉で意思を通じ合っていたのだろう。

突然襲ってくる自然災害や疫病、天候不順による不作から飢饉と闘い、日々の食糧を確保し生き続けていくのに必死だったろうと思われる。遺跡から当時の人々の生活が想像され、タイムマシンで時代を遡って仲間に入ってみたくなったりする。

貝塚から彼らが結構遠方の人々と海路を通じて交わっていたことも証明されているが、問題はここだ。同じ集落の人同士は共通語を持っていたにしても、外部の人と交わる時はどうしたのだろう。自分たちが使っている言葉で話してみても通じなければ、身振り、手振りしかないのだろうか？　お互いを理解できないために争いは起こらなかっただろうか？　想像もそこでプッンと切れてしまうが、ここに面白い意思疎通の例がある。

明治中期、ハワイのサトウキビ耕作のために中国、フィリピン、日本、韓国、プエルトリコなどから労働者が集められた。果たして彼らは何を共通語として使っただろうか。それはやはり英語を基本とする言葉だった。地元の人が話している簡単な英語で、文法に関係なく、単語を並べたものだった。

それはピジン語と呼ばれる。例えば……

You me get banana, give you me kid.

文章の意味は二つある。一つは「あなたはバナナを取って私の子供にくれた」と

「私はバナナを取ってあげて、あなたの子供にあげた」というものである。これだと誰が取って誰にあげたか分からないのだが、こんな会話でもその時の雰囲気ややりとりで分かったらしい。

これが移民の第一世代だが、彼らの子供たちの世代になると、この言葉を基本としてしっかり文法に従った言葉が出来上がる。これをクレオール語という。こうしてみると、今の英語の面倒な文法がいかに重要なものか分かるだろう。

日本語の起源は謎に包まれているが、海から、あるいは大陸伝いに多くの人々が集まってきたというから、ピジン語からクレオール語への展開があちこちで見られたに違いない。こんな状態から日本語はクレオール語だという説があるが、昔は日本だけでなく、世界中がそうであったろう。

ともあれ、このような例は英会話に大きなヒントを与えてくれる。少なくとも我々日本人は学校で英語を習ってきているのだから、記憶力の良し悪しはあったにしても、ピジン語以上に意思の疎通ははかれるはずだ。しかも一応、文法も勉強したことになっている（!?）のだからもう立派なクレオール語だ。当時の人々からすればうらやましい限りだろう。

そんなわけで、ご先祖様の苦労を知れば、英会話なんてどうということはない。何しろ我々は誰でもクレオール語を話せる能力を持っているのだから。

4. 英語は世界の共通語 ― English is the common language in the world.

「あーあ、いやんなっちゃうな、あんまり使う機会がないのに、なんで英語なんか勉強しなきゃならないの」

これは中学生や高校生の切実な嘆きだ。実際、日本に住んでいれば、都会、地方を問わず、英語を必要とする機会はいやになるほど少ない。「英語を話せるからってどうだって言うんだ。おれは日本人だ」とうそぶいていれば、それで済むのである。

だが、それは昔の話になりつつある。外国人の観光客は増加する一方。「国際交流会」などで留学生と交歓したり、ホームステイさせることも珍しくない。さらには、ALT（英語指導助手）として中学校や高等学校に派遣されている英語圏の先生方との接触が増え、言葉が分からないために「意思が通じないもどかしさ」を感じる場面が多くなってきている。海外旅行に行くことも身近で、英語がますます必要になってきた。しかも、二〇二〇年の東京オリンピックでは外国人がどっと押し寄せ、英語で話す機会が間違いなく増えるだろう。

それにもかかわらず、徹夜で受験勉強をしたり、何万円もかけて英会話スクールに通ったり、短期の海外留学までしたのに、さっぱり上達しないというのが、恐らく九〇パーセント、いや、一〇〇パーセント近くの日本人の悩みと言っても過言ではないだろう。実際、日本人の英語下手は海外で定評がある！


最近、日本はノーベル賞だけでなく、料理や漫画、コスプレ、音楽など多方面にわたって世界の注目を集めだした。今までなかった傾向なので、そんなニュースを見ていると、やっと日本も一人前になってきたかとうれしくなるが、まだまだそんなものじゃない。

日本人はもっともっと評価されてしかるべきなのに、英語ができないためにその実力の一〇〇分の一もアピールできていないように見える。もう日本人が島の中に引っ込んでいる時代ではない。

世界は今宗教をめぐっての争いや飢餓や貧困、伝染病、大気汚染、気候変動、国の覇権などで、未だかつてないほどささくれ立ち、その脅威は年々高まっている。

これからは日本人一人ひとりが英語のコミュニケーション能力を高め、先祖から脈々と受け継いだ叡智と感性で、殺伐としている世界に、物質的にも、精神的にも平和で豊かな世界が形成されるよう貢献していかなければならない時代なのだ。もう、「英語は……」などと引きこもっている場合ではない。

5. 英語はいろいろな言語のごっちゃまぜ
─English is a mixture of many languages.

これだけ世界を席巻している英語は、意外に歴史が浅い。わが国同様、島国であるが、格段に大陸が近いイギリスは、東から北からいろいろな民族が移動してきた。もともとケルト人が住んでいたようだが、ドイツの北部からアングル人やサクソン人が大挙して押し寄せた。イギリス人の人種はアングロサクソンと言われている。世界を支配する民族、アングロサクソンだ。

ちなみにEnglishとはアングル族の言葉という意味なのだそうだ。イギリスは九世紀になって統一されたが、最も基礎的な単語はゲルマン系で、folk, mind, ghost, shape, withなどがあり、文法の基礎ができたのは、このころといわれる。

八世紀からバイキングの侵略が激しくなって、九世紀にはブリテン島東北部がデンマーク人の定住地になり、その時期に入ってきた単語がawkward, band, bank, weak, die, graspなどである。また三人称を表すthey, their, themも取り入れられた。その後、一一世紀半ばにフランス北部のノルマン人に占領され（ノルマン・コンクエスト）、フランス語が支配的になった。その時に入ってきた言葉がcourt, judge, parliament, council, tax, moneyなどである。その他なじみのある単語には、pavilion, tennis, umpire, nasty, bribe, gentleなどがある。我々にもなじみのあるこれらの単語が、イギリスにとって外国から来たものだというから驚いてしまう。

イギリスと日本の大きな違いは、多民族の流入と交わり方にあるだろう。いろいろな人種や王国に支配されているから、一二五代も天皇が続いている日本とはわけが違う。結構波瀾万丈なのだ。

日本語と英語を比較してみると、その違いがよく分かる。英語はたくさんの言語が基礎になってできたのに対して、日本語は紀元前から数百年も使っていた話し言葉に、お隣の中国から文字をお借りしただけである。ヨーロッパは共通の単語が多いため、お互いに言葉が違っても何とか理解できるが、日本語はどの国の言葉ともほとんど共通性がなく、お互いのしゃべっている内容がほとんど分からない。

その大英帝国が、国の統一も言語の定着も日本よりはるかに新しいということは驚嘆に値する。なぜあんな小さい国が「日の沈む時がない」といわれるほどの範囲を征服し、今でも隠然とした力を持っているのか謎だ。しかも英語の合理性といったら、わずか二六文字のアルファベットで世界を征服しているのだからすごい！

その後イギリス人は、インドやシンガポール、マレーシア、香港、オーストラリア、ニュージーランド、そしてアメリカ、カナダを植民地化した。中国の台頭であやしくなりかけているが、その植民地の一つであったアメリカが現在世界のリーダーになっている。

アメリカ語は英語と区別されて米語となっているが、基本的な違いは単語よりもその発音にある。東ロンドンのコックニーに代表される抑揚のある発音や貴族的な偉ぶったような発音が、アメリカではフラットだが歯切れの良い、格好いいものに変化していった。

だが、国が違っても英語でコミュニケーションが取れる地域が広いのは最大のアドバンテージだろう。その点、世界でも例を見ないほどごちゃごちゃした国語を持つ日本人にはうらやましい限りだ。

6．英会話は中学校の学力で十分
―English conversation is enough with Junior High School level.

「うーん、何だっけ？　うーん」

外国人を前にすると、あなたはうなりだす。まるで油の切れかけたモーターのようだ。それでもあなたは一生懸命単語を思い出そうと、さらにうなる。そして最後に一言、「だめだ、こりゃ」。そこであなたは英語の授業をサボったことを大いに後悔する。


昔、僕は学校の先生に「英会話は中学校のレベルで十分できるんだよ」と言われて耳を疑った。

「そんな馬鹿なことがあるもんか。英会話なんてもっと高級なもんだ」とずーっと思い続けてきた。

ところが、いろいろと経験するうちにそれが正しいということが分かってきた。それどころか、ショックだったのは、馬鹿にしていた中学の英語をろくにマスターしていなかったと気づいたことである。

参考書を開いて、ちょっとおさらいをしてみよう。まずBe動詞である。エッ、Be動詞って何だっけ？　まあ、まあ、あわてなくても結構。I am a boy. の「am」であり、She is beautiful. の「is」である。

次が一般動詞、そして助動詞、現在進行形、受動態、不定詞、分詞、比較級、現在完了、関係代名詞、冠詞、それに副詞や形容詞。句だ、節だ、文型だなんたらかんたらとある。少なくとも戦後の義務教育を受けた人は、すべて中学校でやってきているのである。驚嘆すべきは、皆さんが落第もせず中学校や高校を無事卒業していることだ。ああ、思い出してもぞっとするあの英文法。

話は飛ぶが、人間の脳は数億年前の記憶を持っていると言われる。恐竜に追いかけられたり、木や高いところから落ちたり、空を飛んだ夢を見たことがあるのがその証拠だ。現に人間が受精してから胎内で細胞が分裂を始め、変化していく様は大いに示唆に富んでいる。初めは魚と同じような形、次第にほ乳動物の形になり、頭が大きくなるにつれて他の動物との違いがハッキリしてくる。これはとりも直さず、人間の進化の過程を短時間にして実現させている証拠にほかならない。ああ、恐るべきは生命の神秘！

だが、この項は別に生物学の勉強ではない。僕の言いたいことは、数億年ならぬ数十年前なら勉強したことはたっぷりと脳みそに残っているということである。つまり、あなたの英語は「分からない」のではなく「忘れた」ということなのだ。「分からない」のなら一から勉強をしなければならないが、「忘れた」のであれば思い出せばいい。

「そんなことを言ったって思い出せないものはしょうがないでしょう」というあなた。すっかりあきらめかけているが、それを可能にする特効薬は、**どんなに下手でも通じればいい**という気持ちを持つことである。この気持ちさえあれば錆びかけた記憶を少しずつでもよみがえらせてくれる。

7. まず日本語を正しく ―Correct Japanese, first.

日本語はあいまいだとよく言われる。特に会話はそうだ。主語がないのでAのことを話していると思ったら、良く聞いたらBだったなどということはよく起こる。これは日本語の会話に主語がないことが往々にしてあるのが原因だ。

他国に侵略され続けた外国と違って、日本はほとんど単一民族なので、共通の日本語が普及した。地方による言語の差が少ない。異なる言語が交わる外国とは趣を異にしていたと想像される

争い事には支配する者、より強い者に対するデリケートな交渉を必要とし、ちょっとした言葉に使い方が同盟の破棄やおとりつぶしに発展することが、多々あったと思われる。このような危険を避けるため、極力、あいまいかつ、目的を遂げるための話し方が必要になったのではないかと僕は想像している。あえて主語をぼかし、誰とでも想像できるようにしておき、追及されても、あとでごまかせるようにしておくのだ。

ちなみに、一人称を見ても、私、わし、僕、自分、我、拙者、あたい、手前、あちき……。二人称は、あなた、あんた、君、お前、貴殿、そちら……。立場や位によって出るわ、出るわ。日常の生活でも、自分のことを私と呼ぶべきか僕と言うべきか、迷うことさえある。

だが、このような言い回しは英語になるとほとんどない。私、あなたはIとyouで済むし。文法の基礎がしっかりしているので、最低S+V（主語+動詞）、S+V+CまたはS+V+O（主語+動詞+補語または目的語）で構成されている。したがって主語は私かあなたか他の名詞であり、それが実にハッキリしている。意図的にそう

しない限り、主語を省略するということはあり得ない。したがって、英会話は主語をしっかり話さなければならないので誤解されるということが少ない。

もし英語がうまくできない理由をもう一つあげるとすれば、日本語がしっかりできていないということである。日本人同士なら分かるが、主語や目的語がハッキリしていない日本文は英語にならない。話す前に内容が頭の中に描かれたら、それが英語の文法に当てはまるかどうか、調べてみる必要がある。え〜、そんなこといちいちやってられな〜い、というのは当然。だが、自分の英語が通じないとすれば、このようなことも疑ってかかった方がよい。

さらに大切なことは、その内容である。仮にあなたは英語がペラペラだったと仮定しよう。発音は正確で、文法もしっかり理解し、誰にでもあなたの英語はうまいと言われる。だが、その話す内容ときたら……。あなたの人格と教養がそこでハッキリ捉えられることになる。

僕の先輩のTさんは誰もが認める英語の天才だった。だが彼のしゃべる日本語は薄っぺらで、中身がなく、時には人々の失笑を誘った。当然彼のしゃべる英語も同じようなものだ。したがって、話したいと思う日本語がしっかりしたものでなければ、英語はなおのことできない。教養や知識は置いておくとしても、話したいと思う考えがしっかりまとまっていなければ、いくら英語ができても会話が成立しないのだ。

8. ジャパニーズイングリッシュ ―Japanese English.

日本人は英語の発音が下手である。母音を必ず伴う日本語と、子音が相当部分を占める英語とでは、発音の仕方が大いに異なる。ましてや「L」と「R」や「B」と「V」の区別などは、相当の努力を要する。口腔の形は三歳ぐらいで決まると言われているのに、英語の勉強を始めるのは我々の時代は中学生になってからなのだから、いまさら柔らかくしろと言われたってできっこない。

反対にアメリカ人に日本語を習わせると、まあ発音の下手くそなこと。母音でスカッと抜ける歯切れの良さはまるでない。

だが、そんなことで喜んでいるわけにはいかない。英語は何と言ったって世界最強の共通語だから、日本人には分が悪い。

英語を標準語としている国はたくさんある。本家本元のイギリス、そしてアメリカ、カナダ、オーストラリア、ニュージーランド、フィリピン、シンガポール、インド、それにケニアや南アフリカを中心とするアフリカ諸国である。すべてがイギリスの植民地だった国だ。

不思議なのは、世界で占める日本語の割合だ。日本以外で話されている地域はないと言える。「言葉は文化だ」と言うから、イギリスを代表とする欧米文化は相当の影響力と魅力を持っていることになる。

だが、彼らをうらやむ前に、「英語さえ知っていれば何とかなる」ことに感謝すべきかもしれない。そうでなければ、外国と交信するために三カ国語も四カ国語もの習得が必要になるだろう。

さて、ちょっと寄り道をしたが発音の話題に戻ろう。僕がインドに初めて行った時のことだ。真っ先に驚かされたのは彼らの発音だ。福島弁のように、語尾が上がるイントネーションと鳥がさえずるような早口には、しばらくついていけなかった。

アチャ、アチャ、アチャと言っては首を振る。「本当にこれが英語？」と思った。だが、やがてそれは現地のヒンズー語とそっくりだということに気がついた。つまり彼らはインド式英語を話していたのである。不思議なことに、慣れてくると次第に通じるようになる。それにしても彼らの使っている英語の単語は古い。恐らく一六世紀の植民地時代からの英語がそのまま残っているせいなのだろう。

考えてみれば、台湾や香港、韓国の人だってマンダリンや広東語、韓国語のイントネーションで英語を話している。だから我々も決して臆することはないのだ。

「日本人が日本英語でしゃべって何が悪い」

これはフランス人やイタリア人も同様だ。ＥＵや国連の会議などのテレビ中継で、彼らが話しているのを聞くと、その英語は何かおかしい。たどたどしく、考え考え話している。彼らも我々と同じく、学校で習った英語を話しているのだ。

開き直ってしまうと、何やら英語が話せるようになるから不思議だ。僕の住んでいる東北なまりの英語だって大して変わりはない。「ジス・イズ・ア・ペン」ならぬ「ズス・イズ・ア・ペン」と胸を張って言おう。

会話とはコミュニケーションの道具である。格好よくしゃべろうなんて、考える必要はさらさらないのだ。

9. その気になる ― Make up your mind.

「あの～、どうやったら英語を話せるようになるんでしょう」という質問をよくぶつけられる。「それが簡単に分かれば苦労しないけどね」と僕はあいまいに答え、何か参考になることが聞けるのではないかと期待している人たちをがっかりさせていた。

正直なところ、そう答えたのは自分でもよく分からなかったからだ。僕の場合、受験英語を基礎に、実戦で経験して鍛え上げた英語だから、自分でも分析は難しい。だが、一応話せる者としての責任感（!?）から全精力を集中して考えた結果、次のような結論を導き出すことができた。

英会話の上達には単に方法だけでなく、精神的な要素も必要とする。なぜならば、僕自身大学に入って第二外国語としてフランス語を専攻した時、簡単に覚える方法を模索したが故に、未だもって数字もまともに数えられない。つまり、コツコツとたたきあげる努力を怠って、簡単な学習法だけを求めた報いだ。なかんずく、方法を知ったところで、「よし、石にかじりついてもやるぞ！」という決心がなければ、いかに方法が良くとも何にもならないのだ。

世の中には英会話が上達する本がたくさん出ている。『三カ月間英語攻略法』とか、『すぐ話せるようになる重要イディオム50』とか、『一日5分の練習で英語がペラペラに』とか枚挙にいとまがない。これらの本は決して間違っているわけではない。それどころか、どれか一冊でも真剣にやれば、相当のレベルまで到達することができるだろう。だが問題は、ほとんどの人が途中でやめてしまって長続きしないことだ。こんなふうにして、参考書の冊数が増えるだけで終わってしまう。

僕の方法論も似たようなものだが、より簡単にという点では右に出るものはそうないだろう。前ページのエッセイを集約すると次のようなものになる。

1. 英語漬けになる
2. 外国人の友達をつくる
3. 大きな声で話す
4. ずうずうしくふるまう

「英語漬けになる」は、とにかく英語を聞いて聞いて聞きまくることである。「毎日聴くだけ」という教材はいろいろあるだろうが、英語が初めにあって、そのあとを日本語でフォローするものがいい。何度も聴いているうちに言葉がハッキリ捉えられ、意味が分かってくる。毎日電車やバスで通勤している人、車に乗っていることが多い人には便利な勉強法だ。

「外国人の友達をつくる」にはいろいろな方法がある。中、高ではALT（英語指導助手）の先生、大学では留学生、市や町の国際交流会への参加、海外からの観光客の集まるようなところでの接触。とにかく英語を話す友達をたくさんつくることだ。

「大きな声で話す」のは決して簡単なことではない。英語に自信がないのに大きな声で話すことはなかなかできない。だが、これだけは絶対に実行しなければならない。日本人は声が小さいために正しい英語で話しても相手の耳に届かないことが多いのだ。もし、I beg your pardon?と言われたら、別の表現を使わないで、同じ言葉を大きな声で繰り返すことだ。

「ずうずうしくふるまう」ことは、ある意味一番難しいことかもしれない。教養と育ちが禍いして（!?）、つい引っ込み思案になるのも分かる。ずうずうしさが無理であれば、その一歩手前の段階、「積極的にふるまう」くらいではいかがだろう？

『三カ月間で……』の本ではないが、この四つを実践すれば、三カ月、六カ月、一年と経つにつれて、あなたの実力が上がっていくことは間違いない!!

「英語漬け」を除けば他は精神論だから、あなたは英語を毎日聴いて、外国人の友達と交わり、大きな声で話して、積極的にふるまえば、そのうち、パチンと何かが弾け、飛躍的な向上が期待できるだろう。Practice makes perfect.

10. 言語は意思疎通の道具 —Conversation is a communication tool.

岡本太郎は「芸術は爆発だ！」と言った。僕はそれに倣い、「英会話は心臓だ！」と言おう。なぜなら強い心臓こそ英会話の重要なファクターの一つなのだ。外国人と英語で会話する時は、心臓に毛生え薬を振りかけるといい。かく言う僕も商社に入りたてのころは、ろくに英語が話せなかった。

思い起こせば×年前、それは僕がドイツに行った時のことだった。大切な仕事を抱え、会社の期待は大きい。当の僕は英語に自信が持てなかったが、話せるのは僕しかいない。果たして良い結果を持って帰れるだろうか。僕の小鳥のような心臓は不安ではちきれそうだった。さあ、商談の始まり。何でもいいから思いついた単語を並べてしゃべりまくってやろう。当たって砕けろだ。

だが、バイヤーの英語を聞いたら、そのへたくそなこと！ ドイツ人だから仕方がないと言えばそれまでだが、通常国際ビジネスをしているドイツ人は英語が流暢だ。僕は彼の英語を聞いて驚くと同時に、強面《こわもて》のバイヤーがとてもかわいくなった。

「ひょっとして、こう言いたいのですか」「そうです、そうです」

「それはこういう意味ですか」「ヤー、ヤー」

彼はトットツと必死になって単語を並べ、自分の意思を伝えようとする。分からないと何度も質問を繰り返し、真意を確かめる。商売だから誤解が発生しないように彼も必死だ。そこには格好よさ、気取りが微塵もない。ただ、意思を伝えようとするひたむきさだけが感じられる。そこで僕は悟った。

「そうだ！ 英会話なんて何も格好よくしゃべる必要なんかないんだ。要は意思が通じればいいじゃないか！」

これは僕にとってはショックだった。とにかくメチャクチャに強烈な印象だった。

いや近くに雷が落ちたと言ったらいいか。文法や発音を間違えると恥ずかしい。誰かに笑われたり、注意されたりするんじゃないか……、そんなことはどうでもいいのだ。要は会話なんて通じればいい。思ったことをどんどんしゃべってやろう。単語が分からなければ、身振り手振りだっていいじゃないか。

これが僕が初めて得た英会話の極意だった。それ以来、僕は失敗を恐れなくなり、会話がめきめき上達した。

今も、間違ってはいけない、失礼があってはいけないという亡霊が出てきて悩まされることがあるが、僕はすぐさま**「会話は通じればいい」**と呪文を唱えることにしている。

日本で戦後の教育を受けていれば、少なくとも三年、長ければ一〇年以上も英語を勉強しているはずだ。つまり、その知識は脳みそのどこかに蓄積されているわけで、「間違えると恥ずかしい」とか「格好よくしゃべりたい」などという先入観念さえ取り払ってやれば、英会話はどんどん上達する。「会話」は意思を伝える重要な手段の一つであることを改めて思い起こそう。

11. 癖があってもよい —Speech with habit.

書くにしても話すにしても、日本語には人それぞれの癖と言い回しがある。僕の高校時代、社会の先生が「いわば」という言葉をあまりたくさん使うので、生徒たちはそのつどクスクス笑った。当の先生は何を笑われているのか分からず怪訝な顔をしていたが、ある日僕を捕まえて、「いったいみんな、なんで俺のことを笑うんだ」と聞いた。

素直に理由を話せばいいものを、僕も多感な年ごろ（!?）だったし、話すと何やら仲間を裏切るような感じがして、「いいえ、別に」と澄まして答えてしまった。先生は困ったような顔をしていたが、恐らくそれなりに悩んだのではないかと今でも良心が痛む。

英語でももちろん、同じ現象が発生して不思議ではない。

電気製品メーカーに勤務していた時期、アメリカに出張した際、現地駐在の日本人と共にバイヤーを訪問した。駐在員の彼は商社社長の次男で、大学を卒業すると、すぐにアメリカ駐在を命ぜられ、すでに二年目になる。海外駐在を夢見る僕にとってはあこがれの存在だが、ちょっとした妬みも入って、その彼がどの程度英語ができるか興味があった。

彼はバイヤーと我々の間に入ってトランスレーションをしてくれたが、彼は思ったほど上手ではないことが分かって安心した（!?）が、事あるごとにゼアフォー、ゼアフォーとのたまう。え、何だ？　さすがにアメリカ滞在も長くなると複雑な言葉を使うものだと感心したが、よく聞いていると彼はthereforeと言っていたのだ。何のことはない、簡単なso（だから）と一緒である。だが、彼が非難される理由は一つもない。彼はその言葉が好きで使っているのだし、強調したり、印象づけるのに役立っているのかもしれない。

これと同じようなことが書き言葉にもあった。アメリカのバイヤーとメールでやり取りしていると、彼はよくwhatsoeverを使う。見慣れない言葉だったし、辞書を引いてみたが載っていない。その時は「まあいいや」と意味が分からず放っておいたが、最近になってwhatever（なんであれ、どうであれ）を強調した単語だということが分かった。今考えてみると、値段が高いとか、サービスが悪いとか、何かを強調するために使っていたものと考えられる。

英語の会話で最も頻繁に出てくるのはYou know?である。非常にカジュアルな言葉だが、何かについて話した後や、相手の同意を得るために最後に付け加えて、会話全体のバランスを取ったり、最初に言って相手の注意を引く時に使う。特に意味はないのだが、あるとすれば「でしょ?」とか「だよね」とか「ネエ」とか「あのね」の感じだ。

最近友人の高校生の娘がアメリカに一年留学して帰ってきた。どんなに英語がうまくなったか興味津々だったが、彼女が地元のＡＬＴと英語を話す時、やたらYou know?を連発するのでおかしくなった。あまり英語はうまくないのだが、知らない人が聞いたらリズムが取れていて流暢だと思うだろう。さすがアメリカ帰りというわけだ。彼女も英語がうまくなったように見せるため、始めにも終わりにもYou knowをくっつけ、おまけに肩をすくめて（shrug）みせたりした。僕が若い時に外国人と接していた時のことを思い出して何となくほほえましくなった。そうそれでいいのだ。

香港に住んでいるインド人バイヤーのキシューは、ほとんどのインド人がそうであるようにとてもおしゃべりだ。あまりに早口なせいか、時々適当な言葉を見失うらしく、What do you call? や How do you say? を連発する。「何てったっけ、何だっけ」という感じで、そう言いながら言葉を見つけて、また続ける。こちらもその気になって一緒に考えてしまったりするが、黙りこんでしまったりウーンとうなっているより聞こえがいい。

こんな具合に You know? や What do you call? などをうまく使うと、会話がよりスムーズにいくかもしれない。

12. a でも the でもよい —Both 'a' and 'the' are even workable.

話すための内容を作るためには、常に文法が必要である。

まず冠詞。単数の場合、通常名刺には 'a' を付け、一度出てきた名詞や特定の名詞には 'the' をつけると習った。え〜と、さっきの名詞がまた出てきたら次は the か。母音で始まっているから a ではなく an か。太陽と月はひとつしかないからこれも the か。そして動詞。I で始まったから am か。え？　現在形でいいんだろうな。なに？　未来形？　するとwillかshall?　どっち？　makeの過去形は何？　made？　よし、よし。じゃあgoの過去形はwent?　Which って聞こえたけど、これは疑問詞、それとも関係代名詞……？

こんな具合にほんのちょっとした会話も、すべて文法でがんじがらめだ。だから、何か言おうとすると文法的に合っているかどうか、ものすごく気になってまったくしゃべれない……。一歩進むごとに目の前に大きな壁が立ちふさがる。

このような現象が出てくると、学校で習った英語の記憶がばらばらになって脳裏から消えてしまう。中学で三年、高校で三年、大学では四年も英語を勉強しているというのに、まったくしゃべれないというのはどう考えてもおかしい。しかも、英語はほとんど毎日習い、抜き打ちテストや期末テスト、そして厳しい受験勉強があり、すべての人がその難関をくぐり抜けてきているのだ。これだけ苦労して長年勉強してきたのに「どうしてしゃべれないの？」と聞かれても、不思議なことにその理由はよく分からないのだ。

だがこの答えは意外と単純である。最大の理由は「いつもあなたは正しい英語をしゃべろうとしているから」だ。さらに言うならば「あなたは間違った英語をしゃべると恥ずかしいと思うから」だ。

このエッセイで、英語を学ぶより、よりメンタルなテーマを取り上げているのはそのためだ。これが日本人の律儀さというやつなんだろうね、きっと。

オーケー。じゃあ、冠詞はどうだろう？　会話に太陽や月が出てきた時、theを付けなかったら通じないだろうか？　また犬にaを付けなかったり、複数にsを付けなかったりしたら理解できないだろうか？　とんでもない。名詞に冠詞がまったくなくとも十分に通じる。人称だってheとsheを間違えたら理解できないだろうか？　いや、そんなことはない。彼か彼女かは前後の言葉を聞けばすぐに分かる。Be動詞だってMr. Yamamotoにwereを付けても意味が変わるわけでもないし、一般動詞だって現在が過去になったり、過去が現在になっても十分に理解できる。

会話をしていてとてもつらいのは、口にした途端にこれらの間違いに気づいて、続けていくことに自信がなくなり、ついには会話をストップしてしまうことだ。

英語の話せないドイツ人と会話をする時、「私」というIch《イッヒ》という言葉だけでお互いを理解し合ったという有名なたとえがある。

英語をほとんど話せないドイツ人のエンジニアを迎えて、担当者はどうコミュニケーションを取ればいいのか困ってしまった。彼もまた、ドイツ語どころか英語も話せない。もう当たって砕けろと、まず自分を指してIch《イッヒ》と言い、あとは手真似でやってみせた。すると相手もIch《イッヒ》と言ってその通りする。そんな具合にお互いにイッヒ、イッヒと言ってコミュニケーションを取ることができるようになったのだ。手真似でさえコミュニケーションの交換になるのだから、会話が何もないよりは文法を間違えた会話の方がよっぽど良い。

誤解しないでいただきたいのは、文法が間違っていてもまったく問題がないというわけではない。このようにして話していくことによって会話のコツをつかんでいくと、間違いが分かるようになり、ひとりでに訂正できるようになる。相手がしゃべるのを聞いていれば自然と、それが正しいか間違っているかが分かってくる。それまではaでもtheでもいっこうに構わないのだ。

これは文法のみならず、単語の記憶も伴う。あなたの脳みそには間違いなく六年から一〇年の一生懸命学んだ英語の記憶がしっかり残っている。それがまるでスイッチを押すように、ちょっとしたきっかけでキラキラ輝くようによみがえってくるだろう。そうなればしめたものだ。Why don't you try?（さあ、やってみよう！）

13. ああ、敬語ってやつは —Oh! Polite word.

日本人のほとんどの人は、「英語にも敬語があり、日本語と同じように相手に応じて敬語で話すものだ」と思っている。日本で生まれて日本で生活していると、それは疑いのない事実だ。ところが驚いたことに、英語にはカジュアルな話し方はあるが、原則敬語は存在しない。

「だって、サーとかマムとか結構敬語があるじゃない」とあなたは言うだろうが、英語の敬語なんてせいぜいそんなものだ。せいぜい will you が would you になったり can you が could you になる程度である。

その点、日本語ときたら敬語でがんじがらめである。学校じゃ上級生や先生に対しては敬語だし、社会に出たら年上や上司には当たり前。まして商売相手ともなれば絶対である。これを失するが故に先輩に疎まれたり、出世の機会を失ったり商売のチャンスを逃したりする。外国人から見れば信じられない習慣だが、日本ではこれが水や空気のように当たり前のことだ。

敬語不要と言われても、いざ外国人と話す時は、本当に敬語がいらないのだろうかと気になってしまう。失礼にならないだろうか、気を悪くするんじゃないだろうかと思うとなかなか言葉が出てこない。やっと口に出せても、その途端、もう反省。

せっかくアメリカに語学留学したのに、ちっとも会話がうまくならなかったという悲しい経験談を何度か聞いたことがある。これは学生よりもむしろ、社会経験を踏まえた中年の女性に多い。日本の習慣にどっぷり浸かってしまって、失礼にならないようにその通り直訳しようとするし、さらに悪いことには相手にもそれを求める。

だが、日本のおばさんにも一理はある。外国に観光旅行に出かけ、ショッピングをしている時、「安いよ、買わないか」と言われてドキッとする。「客に向かって何という口の利き方をするんだろう。失礼な人ね」

こんな印象を持ったおばさんが外国人と話そうとすると、失礼にならないように、失礼にならないようにと大いに気を遣うことになる。

ホームステイで一夜の宿を提供する時、「日本食はお好きでしょうか。もうお休みになられますか」などと丁寧な言葉で言うが、これだって、英語式の日本語に訳せば、「あなたは日本食が好きか」「あなたはもう寝るか」となり、そのまま英語に訳せばよい。つまりお好きやお休みの「お」も「なられますか」という敬語もまったく必要がなく、このような表現は英語にはない。

敬語は、日本人にとっては毎日のことながら悩みの種である。やんごとない相手だとやたらかしこまって二重、三重の敬語になり、とてもおかしな言葉になってしまったりする。逆に相手が目下だと思うと、急に高飛車になる。初めて会った相手に、○○さんと言ったらいいのか、○○君、いや○○様と言ったらいいのか迷ってしまう。最近、病院で名前を齋藤様と呼ばれてびっくりしたことがある。「様」はレストランや銀行、デパートだけだと思っていたが、いつの間にか日本の敬語は進化を遂げていたのだ!?

その点、英語は楽だ。相手の年齢や性別、地位に関係なく同じ言葉を使えばよい。恐らくこれが、英語が世界の共通語としての地位に君臨する要素の一つになっているのかもしれない。

おまけに英語には、フランス語やドイツ語のような性の違いはないし、頭の痛くなるような動詞の変化もない。英語はとても簡単で、しかも合理的な言語なのだ。さあ、敬語を気にしないで簡単な英語をどんどんしゃべろう!

SEASON-2

1．イニシアティブを取る —Take an initiative.

会話はまずヒアリングだ、とはよく言われる。海外出張の多いベテランは言う。

「相手の言っていることが分かれば苦労しないよ！」

実際このヒアリングを身につけるために多くの人が英会話のＣＤを買ったり、高いお金を出して英会話スクールに通ったり、涙ぐましい努力を重ねている。だが、実際に試してみようと町角で外国人をつかまえて話してみると、ほんの少ししか聞き取れない。ちなみに出身国を聞いてみるとイギリスだという。本場ではないか。これでますます自信をなくしてしまう。

これはあなたならずとも日本人の平均的な姿だ。だが、ヒアリング力の前に、会話で大切なことがある。

海外に行くと英語の洪水だ。もちろんアメリカやイギリスなどの英語国は当然のことながら、ドイツやフランスでもトレードフェアと呼ばれる国際博覧会などでは英語が当たり前のように飛び交っている。世界各地からビジネスマンが集い、情報の収集や商談を行うのだ。ここは英語ができなければ商売ができない、まさしくインターナショナルな世界だ。
かつて僕がこんな場所で大いにコンプレックスを感じたのは、彼らの会話のスピードの速さについていけなくなり、テーマも理解できず、自分の話したいことも話せなかったことだ。もちろん目的の達成率は半分にも満たなかった。

こんな状態を克服するために、僕がとった方法は、心臓に毛を生やして「ずうずうし人間」に変身することだが、その他に大切なのは「会話のイニシアティブを取る」ということだ。日本人は外国人と話す時、とかく聞き役に回りがちである。ご丁寧にもわざわざ英会話で相槌の打ち方を勉強したりする。

Oh, really? Is that so? That's great. Is that correct? Are you sure? Oh, yes. I think so, too. That's cool! と、枚挙にいとまがない。でもこれを頻発すると、相手はますます調子に乗ってしゃべりまくる。そしてますます話していることが分からなくなる。これでは独演会だ。

そんな時、相手の会話を途中で遮ってでも、**自分の話しやすいテーマに切り替える**ことだ。By the wayとかIncidentallyの挿入でスタートすればいい。もっと単純には、Look（ネェ）と言って注意をそらし、テーマを変えればあまり失礼にならない。ちなみにこれは女性が無意識によくやる手である。いつの間にかテーマがコロッと変わっていて、我々は相手のペースにはまっている。

一般的に、外国人はあまり相槌を打たない。打たないどころか間髪を入れずに自分の意見を言う。しゃべらせておけばすぐに会話のイニシアティブを取られて、こちらは会話についていけなくなる。したがって会話をスムーズに続けるには、こちらがイニシアティブを取るように心がけなければならないということだ。

急に話題を変えられて相手は戸惑った表情をするが、せめて五分五分で会話を回していけば、やがて相手の英語の癖も分かってきて、いつの間にか会話のサーフィンを楽しんでいる自分に気がつくことになるだろう。

2. 辞書はいらないよ —Dictionary is not needed.

ボキャブラリーがいかに大切かは言うまでもないが、英語の勉強に辞書がない方が良いというケースをご紹介しよう。

大きい書店に行くと洋書のコーナーがあって、英会話のテキストや月刊誌、専門書に交じってPAPER-BACKがズラリと置いてある。これらは日本の文庫本と一緒で、表紙が厚く、ずっしりと重い出版物を携帯しやすくした廉価版である。日本にいる外国人が電車の中で読みふけっていたり、海外でビーチやプールサイドで、ビキニの美人が日よけの代わりに顔を覆っていたりするあれだ。日本人が読んでいるのを見たら、畏敬の念が起きてしまう。

小説を原書で読むなどということは夢のまた夢、「あこがれちゃうな〜」で終わってしまう。かく言う僕もどうかといえば、あるきっかけができるまでは、ペーパーバックははるか遠くの存在でしかなかった。もちろん、簡単そうなものを何冊かトライしたこともあるが、大体三ページでギブアップの体たらくである。

そんな僕を変えてくれたのはSIDNEY SHELDON（シドニィ・シェルダン）との出会いだった。彼の名前はひところ『家出のドリッピー』が読みやすい英語として大々的に宣伝されたことがあるからご存じの方もいるだろう。僕が買った時は、ヒアリングの勉強用としてテープがついていたと思う。

今では彼の作品は次々と翻訳され、本棚にたくさん並んでいる。『ゲームの達人

(Master of the Game)』『天使の自立（Rage of Angels 1980年）』『私は別人（A Stranger in the Mirror）』など枚挙にいとまなく、次々と新作を発表し、いずれも力作である。

彼の小説の特徴は第一に、文体も単語も非常に分かりやすいということだ。第二にストーリーの展開がドラマチック。次に何が起こるか分からないというハラハラ、ドキドキの連続で読者をグイグイ引っ張っていく。第三は、主人公はたいてい美人で魅力的かつ、境遇に恵まれない女性で、読者の同情を引きやすいことである。最後に想像していた結末からアッと驚くドンデン返しがあるのも面白い。劇作家だっただけあって、読者を飽きさせないという点では群を抜いているだろう。

初めて彼の作品を手に取った時、これなら僕にも読めるかもしれないと思った。一ページ目。なんだかよく分からない。二ページ目。分からない単語がたくさん出てきて辞書を引くのが面倒くさい。そして三ページ目。登場人物の名前がたくさん出てきて誰が誰か分からなくなってきた。いまだにストーリーもゴチャゴチャのまま。

いつもならそこで投げ出してしまうところだが、何となく今までの本より全体の流れが分かる。よし、辞書を使わないで読んだらどうなるだろう。続けられるかどうか、子供のころ初めて自転車に乗るのと同じ気分だ。

四ページ。五ページ。恐る恐るペダルを踏む。ウン、意味が何となく分かる。この単語は分からないが、前のページにも出てきた。黒い影が急に出てきた場面だから、恐らくこの単語はこんな意味だろう……。

そんな具合にページを進めていくと、ストーリーが次第に面白くなってくる。ちっちゃくて可愛い娘が父の帰りを待って、たった一人で、小さな窓から地中海の海を眺めている。突然ドアが開いたと思ったら、黒い影がヌーッと……、といった具合で、この娘はどうなってしまうのだろうと思うと、いつの間にか次のページを開いている。初めて見る単語も物語の中に入ってしまうと、自然と意味が分かってくる。気がつくとあまりにも主人公が可哀相で、袖が涙でぐっしょり濡れていたりする。

ここまで来ると、単語はそれ自体を意味するものではなく、文章の一部であり、状況を説明する道具に過ぎないということが分かってくる。つまり、なじみのない単語でも、逆に情景の説明の中で意味が分かってくるから不思議だ。小説の後半に至るころははっきりと言語化できないまでも、こういう感じ、そんなような意味を表す言葉、とフィーリングで捉えられるようになっている。そして究極的には、これが単語を覚える最大の方法だと分かる!!

原書で読むと、翻訳した作品より作者の意図がよく分かり、情景の描写がとてもリアルに感じられる。この面白さを知ってから、僕はシドニィ・シェルダンを読み漁り、別の作家にも手を出し始めた。

衝撃的だったのはケン・フォレット（KEN FOLLET）である。『針の眼（EYE OF THE NEEDLE）』や『レベッカへの鍵（THE KEY TO REBECCA）』、『大聖堂（THE PILLARS OF THE EARTH）』、『トリプル（TRIPLE）』など枚挙にいとまがない。彼の作品はシドニィ・シェルダンよりも難しい。分からない単語も大波のように押し寄せてくる。だが、負けずにページを進めていくと、全体の流れが分かるようになり、最後には感動の渦に取り囲まれる。

さらにお薦めすると、イギリスの国会議員だった変わり種作家、ジェフリー・アーチャー（JEFFREY ARCHER）である。彼の『ロスノフスキ家の娘（THE PRODIGAL DAUGHTER）』や『ケインとアベル（KANE AND ABEL）』などは最高傑作のひとつだと思う。

このようにして外国の小説の虜になると、文章に対する理解、すなわち読解力がグンとついてくる。単語を情景やフィーリングと一緒に覚えているから、自分でもアレッと思うほどすぐに出てくるようになり、会話力も格段と増すことになる。

まずは大きな書店やアマゾンなどでシドニィ・シェルダンの作品を購入し、「絶対辞書を使わないぞ」と覚悟を決めて読み始めるといい。そして、**大切なのは、内容がよく分からなくとも読み進めること**。ストーリーがゴチャゴチャしてきたら、ちょっと前に戻ってみることだ。

それなら世界的に有名で皆がよく知っている作品、例えばグリム童話やアンデルセンの英語版、『赤毛のアン』『トム・ソーヤの冒険』でも読みやすいのではないかと思われるかもしれないが、そこに落とし穴がある。ストーリーが分かっているとハラハラ、ドキドキの興奮がないために前に進まないのだ。小説は常に、主人公はどうなってしまうのだろうという不安と期待があるからこそ、読んでいるうちに夜が明けるほど夢中になる興奮が楽しめるのだ。さあ、あなたもペーパーバックの虜になってください!!

3. フォネティック（発音）―Phonetic

僕の友人でダンというALT（英語指導助手）がいた。日本人はどうして英語がなかなかうまくならないだろうという英語論議の中で、彼は「英語は中学生からで十分である」と言う。アメリカ人の口からこのような言葉を聞くとは思いも寄らなかったので驚いてしまった。ダンによれば、小学校では徹底的に日本語を教え、英語は中学校に入ってからでいいというのだ。

ちょっと、待ってくれ。じゃ、幼少期に英語に慣れ親しんで、より英語を上達させるという文部科学省の切実なる願いはどう聞いてやればよいのだ。僕だって、口腔と脳みそが柔らかいうちに英語の勉強を始めるべきだと思っていた。彼は日本に来て子供たちを教え、町の大人たちとつきあっているうちに、言葉よりもアメリカ人としてのアイデンティティーが求められた経験から言っているのだろうと思った。

だが、それは根本的に違っていた。

ダンによれば、英語を学び始める時期が重要なのではなく、英語の教え方の問題であり、その中でも最も悪いのはカタカナ英語だと言う。日本語には外来語を日本語で表現できるカタカナというありがたい文字がある。

コンピューター用語などは日本語に訳していたのでは使い物にならず、カタカナの表記で何となく分かったような気がしている。中には和製英語などという国籍不明の言葉さえ飛び出してくる。だが、英語も一度カタカナ化されてしまえば立派な日本語だ。なぜならその通り発音しても英語国民には何のことかまったく分からないのだから。


昔、初めて出てきた単語は単語帳に書き出して、意味、品詞と、発音をカタカナで書いて覚えたものだ。

あれは良くない、とダンは首を横に振る。カタカナにしたらスペルが分からなくなる。特に単語の持つ、接頭語や反意語、派生語、合成語などの成り立ちが理解できなくなるので、記憶力が極端に落ちてしまい、ボキャブラリーの展開ができなくなる。

難しそうな単語のdisadvantageやdiscoverだって、advantageやcoverという分かりやすい英語にdisが付いて反意語になったもので、presumeやpredictionなどの一見難しそうな単語もpreという「事前の」という接頭語を付けたものだ。

僕が発音記号に興味を持ったのは大学生になってからだから、すごい晩成と言わざるを得ないが、カタカナで十分だと思っていたせいだ。

日本人の話す英語が相手に通じなくて苦労しているのを見ると、カタカナ英語をはっきり発音して、ますます分からなくしている姿に涙ぐんでしまう。

僕は今では、発音記号習得のおかげで、スペルはほとんど間違わないし、スピーキングも日本人特有のカタカナ英語ではなく、どうにか英語らしい発音を保てている。これは、「僕は国際的な標準の発音記号通り発音している。もし分からなかったらあなたが悪い」という自信に繋がる。

英語の成り立ちは子音と母音だが、æ、tʃ、dʒ、θ、ð、ʃ、ʒなどの特殊な発音記号をのぞけばpa、pi、pu、pe、poのように簡単に発音できるものばかりだ。

幼児期の子供の英会話のレッスンで驚くのは、彼らの発音が間違いなく発音記号に基づくものとなることだ。ネイティブの発音を反復して聞いて練習していると、カタカナ英語にはならない。

発音記号は幼児期や中学生に限らず、これからの英語教育の大きなポイントになりそうだ。大人になったあなたも同様である。発音記号は見慣れないものだから抵抗はあるが、その気になれば簡単に克服できる。ほんのいくつかの記号をしっかり叩き込めば、英語に対する興味が増すこと請け合いである。

4. お目当ては観光客 —The target is the sightseers.

二〇一八年の日本への観光客は三〇〇〇万人を超えた。国の誘致政策が功を奏しているのを見ると心強い。だが、観光先進国からみるとまだまだ始まったばかりである。フランスは何と八五〇〇万、アメリカは七〇〇〇万、独、英でも三〇〇〇万、香港でも二五〇〇万人、お隣の韓国でさえ一三〇〇万弱だ。

これらの先進国に比べて日本がインフラや観光資源、サービスが決して劣っているわけではない。それどころか、日本の四季の移り変わり、海、山、川、湖、温泉に恵まれた自然、新鮮で清潔な食材で作った和食、ラーメン、そして歴史に育まれた文化と芸術、さらには心を込めたお・も・て・な・しのサービス精神がある。しかも世界一安全な国という冠をつければ、世界中の人が日本を目指しても不思議はない。僕が海外を回って不思議に思ったのは、なぜこれだけ観光資源に恵まれた日本に外国人観光客が来ないかということだった。

理由は簡単で、日本が外国人観光客の誘致にまったく不熱心だったことによる。つまり、長い間、日本人にとっては観光とは外国に行くことであり、外国人が日本に来るのは珍しいという感覚に支配されていたからだ。

外国の記録から推移すると中国の五五〇〇万を目標に据えても無謀ではないだろう。観光立国日本はすぐそばまで来ているのだ。

観光客が日本に来て真っ先に困るのは、言葉の問題だ。最近では東京や京都で、パンフレットを見ながら道に迷ってウロウロしている外国人を多く見かけるようになった。地下鉄が複雑にからむ東京などは我々日本人でさえも迷ってしまう。「スミマセーン」と声を掛けられて、「ダメ、ダメ、私英語だめ」と逃げてしまう日本人が多い。逃げてからよく考えたら日本語だったと気づくほど、日本人は外国人に弱い!?

ニューヨークやロンドンやパリなどで道に迷って通りがかりの人に聞いても意外と不親切だったり、嘘を教えられることが多い。「ああ、こんな時、誰か親切に教えてくれればいいのに」と思ったのは一度や二度ではなかった。しかもそれは代表的な観光地ほど多かった。これはとりもなおさず日本に来る外国人も僕と同じ経験をする人がたくさんいるということだ。

増えつつある外国人観光客のためにボランティアで道案内をするグループがある。これは自分たちが外国で不安になった経験があり、外国人観光客の不安を解消してあげたいという親切心からできたものだ。言語も英語の他、中国語、韓国語、場合によってはタイ語やインドネシア語もある。

確かに欧米諸国の人々に比べると、英語のブラッシュアップを目指している人たちにとって、観光地に行くことはチャンスを拾うことになる。外国人に道を尋ねられた場合は、相手の言うことをよく聞き、ゆっくりでも簡単な単語を並べても教えてあげるといい。もし、道に迷っている外国人を見たら、"May I help you?"と声をかけてあげるのもいい。これはあなたの英語力を高めることにもなるし、外国人に感謝され、日本の印象を良くするという一石二鳥の効果を生む。いいや、二鳥だけではない、あなたの外国人アレルギーを除去してくれるという三鳥の効果も期待できる。

ただし、このような話になってくると、日本人の悪い癖が出てくる。すなわち引っ込み思案とお返しの期待である。「余計なことかな」とか「かえって迷惑かな」と思っても、ダメ元でずうずうしく彼らに接してみることだ。

さらには彼らにとって、このような親切は予想外のことなので、本当にありがたいと思っても、そのような表現をしない。だから「何だアイツ。せっかく親切にしてあげたのに頭も下げやしない。サンキューだけだぜ」などとは決して思わないこと。いい？

5．アズナブール先生の勉強法 ― The learning method of Mr. Aznavour.

ちょっと面白い人物を紹介しよう。ＡＬＴ（外国語指導助手）として高校で英語を教えていたAznavour（アズナブール）先生だ。彼はカナダ人だが、フランス語を標準語とするケベック州はモントリオールの生まれである。実際、彼は英語のＡＬＴの資格を取るために相当英語を勉強した。したがってその実力は下手な英語圏の人たちよりも本物である。冒険心に富み、知識欲が旺盛で、ヨーロッパ各地を旅行したり、中国語の勉強のため上海に長期滞在した経験を持つ相当の国際人である。

現在は日本語を勉強中。さて、彼は初めて習う言葉をいったいどのようにして勉強しているのだろう。

彼のスタイルは、まず基本的な文法を頭にたたき込むこと。これは英語であれば中学校のレベルで十分である。さらに、その国の言葉にできるだけ多くの時間触れるということである。実際の方法として、彼はＣＤを最大限に活用している。つまり、会話の録音を食事中も、着替え中も入浴中も、布団に入ってからも、トイレでも、四六時中聞きまくる。

彼に言わせれば、このように生活して三カ月も経つと、ある日突然「パチン」とスイッチが入って、無意味な単語の羅列が脳裏に形を成してくるようになるというのだ。神経を集中して聞くことが望ましいが、必ずしもその必要はない。何度も聞いているうちに、意味不明の音が文章として繋がってくるし、「あれっ、この言葉は何だっけ、さっきも出てきたな」「これは表現が違うけど同じ意味だな」「へェ、こんな言い方もあるんだ」などと脳みそが勝手に回転し始めるというから不思議だ。

恐らく近いうちに、アズナブール先生の脳みそに突然スイッチが入って、ペラペラと日本語を話せる日が来ると思われる。

え、こんな面倒くさいことができるかって？　そう、やはり外国語をマスターするためには、それなりの努力は必要なのだ。

だが、ここで紹介したアズナブール先生の勉強法は、僕自身の経験からも最上の方法の一つと言える。これは大人だけでなく、子供にも当てはまる。強制しないで、英語の簡単な会話や物語や歌に触れられる時間をつくってあげるといい。数カ月もすれば、恐らくひとりでに口から英語が出てくるようになるだろう。

数年経って、今の彼は日本語がペラペラ。お笑い芸人の外国人どころではない。方言まで駆使して、ベランメエ調の田舎弁をしゃべっている！

6. 翻訳とは — Translation

最近はYouTubeやFacebookにかぎらずマイクロソフトのオフィスなどに、親切にも翻訳サービスがついている。

相手が話す言葉が即座に日本語になったり、自分の話す言葉がフランス語になるトランスレーターがあったらどんなに素晴らしいだろうと思うのは、あなただけではないだろう。何しろ、海外旅行にしてもビジネスにしても、それさえあれば、コミュニケーションにまったく不自由しないのだ。インターネットで翻訳サービスが出現した時は、それが実現されたと思ったのは僕だけではないだろう。

実際最近ではポケットトークや耳にイヤホンを付けていれば自動的に翻訳してくれるデバイスも出てきた。ＡＩの発達は日を追うごとに加速して目を疑ってしまう。あと数年もすれば、もう英語の勉強は必要がなくなり、機械で用が足りるようになるのだ。「ばんざ〜い!!」

だが現実はそんなに甘くない。実際にFacebookの外国語を訳してみると、なんだかとても変な日本語が出てくる。ないよりはましとはいうものの、意味が漠然としか分からない。これは英語も同じだ。

僕の友人は英語がうまくはないが、翻訳ソフトを使って必死にアメリカの友人と交信している。時々自信がないのか、僕に見てくれと言ってメールを送ってくるが、彼が言うように何だか変だ。「まあ、分からんことはないか。何もやらないよりはましだろう」というのが、正直な感想である。

僕は自分の書いた小説を英訳したことがあるが、正式に翻訳を頼むとベラボーに高くつくので、インターネットの無料サービスのWeblioを利用した。これで翻訳も苦労をしないで済むわいと思って、すでに終わったつもりになっていたが、よく見ると主語が間違っていたり、時制が合わなかったり、句と節が一致しなかったり、不可解な単語が並んでいたり、意味がまったく分からない。少なくともこれで出版したら、読者からのブーイングは相当なものだったろう。

「そうか、これは文章が長すぎるからだな、ごめん、ごめんトランス君」と合点して、三つの内容を一度に入れた長い文をやめ、一つに減らしたが、結果は同じだった。一つの文をさらに小分けして、節ごとに入力したが、単語はより正確になったものの、小説で伝えたいフィーリングがまったく感じられない。

結局、トランスレーターは辞書代わりの部分的な単語やinやon, atなどの前置詞のチェックに利用しただけで、あとは全部自分でやることになってしまった。

考えてみればトランスレーターも機械なんだから、オールマイティであるわけがない。日常的な会話や簡単な文であれば、かなり正確に出ると思われるが、定型的な文章ならまだしも、微妙な表現を要求される小説は至難の業と思われる。すぐ終わると思っていた僕の小説翻訳も、結局三カ月もかかってしまった。

英和、和英にかかわらず翻訳で気を遣う点は、状況に合わせた会話である。Why didn't you do that? などという簡単な会話を訳す場合、「なぜあなたはそれをしなかったのですか」とするか「お前はなんでそれをやんなかったんだよ」とするか「なんでやらなかったの？」とするか、大阪弁的に「なんでせーへんかったんや？」がいいか。人の性別や環境、内容の流れによって変わる。これを間違えると翻訳された作品がめちゃくちゃになってしまう。

会話に関しては、すべてそうだ。その意味、会話に特別な感情を入れて使い分けているのは日本語以外あまりないだろう。翻訳者の能力が問われるところである。

翻訳はこんなに厄介なんだから、翻訳サービスは補助的な意味で利用するしかなさそうだ。まだまだ、英語はちゃんと勉強しなきゃだめですよと言われているような気がする。それにしても、より完璧なデバイスの登場が待たれる。ＳＦ映画のようにイヤホンをつけていれば何語でも相手の言うことが即座に分かれば、どんなに素晴らしいだろう。もうすぐの事と思われるが、これからが時間がかかるのかもしれない。

7．大きな声でしゃべろう —Speak louder.

展示会場や屋外での会話になると、辺りの騒音に負けて僕の声は霞んでしまう。相手にPardon?と言われて、僕は同じことを何度か繰り返さなければならない。高校時代に合唱団で鍛えたはずの喉は、まるで役に立たない。長い間僕は声が弱いという劣等感にさいなまれていたが、これが僕だけでなく、日本人全体に共通する問題だと気がつくまでそう時間はかからなかった。

外国人は全体に日本人より声が大きい。音楽の世界でもそうだ。日本人に国際的な歌手が出にくいというのもうなずける。日本の演歌界ですばらしい歌手と言われる人には韓国系（朝鮮系）が多い。声が小さいということは実は英会話にとっては非常に大きなハンディキャップである。

英語にはそれなりに自信があると思っているのに、ちっとも相手に伝わらない最大の理由は、意味が分からないのではなく、よく聞こえていないということだ。

昔、会社で雇っていたアメリカ人のジェフと話している時、あまり何度も聞き返すので、「僕の言っているのが分からないのか?」と怒って言うとDon't get angry. I just can't catch you.(怒んないでよ。あなたの言っていることが聞こえないだけだ)という返事が返ってきた。

相手は聞こえないからSay again, please?やPardon?やWhat?を繰り返すが、あなたは意味が分からないと思って別の表現で話そうとする。それがなおいけない。相手はますます分からなくなって、結局会話が不成立になってしまい、目的は達せられない。

このような光景は、自信を持てない初心者にしばしば見られる。特に道を聞かれた場合などに発生しやすい。聞こえなかったのに自分の英語が下手なせいだと勘違いして、薄笑いをして引っ込んでしまう。そんな時は別の表現を使わないで、より大きな声で同じことを言えばよい。

日本人はなぜ声が小さいのだろう。体格の良い欧米人に比してだけでなく、体型の近い中国人や韓国人と比べても声が小さい。僕はこれが日本人の昔からの生活環境と生活習慣によるものではないかと思っている。部屋が小さく大きな声で話す必要はないし、殿様に「近う、近う」と言われてにじり寄って顔を近づけて耳元で話し、会議なども大声で話すよりは、一人ひとり耳元でひそひそと話す場合が多い。

日本では大声は美徳ではなくて、恥ずべきことなのだ。これが数百年も続けば、肌の色と同じように、生まれつき声が小さい人種が生まれてきても不思議はない。

その点、欧米人は大きなテーブルを囲んで大声で堂々と論陣を張り、激論を戦わせる。オペラやカンツォーネは朗々たる声量で歌い上げる。つまり、ちゃぶ台とテーブル、座布団と椅子の違いと言ったらいいだろうか。


会話は始めたら最後まで完結しなければならないし、それなりに体裁を整えなければならない。大声を出せばなおのことだ。その後は苦し紛れでも英語が何とかついてくる。ともかく、恥ずかしがらずに大声で英語を話してみよう。Speak English ではなくShout English（英語でさけべ）だ。でも、やっぱりshoutは変なので、堂々とオペラのようにおなかから声を出してしゃべろう。ホラ、ちょっと自信がついたでしょう。

8. 観光立国日本 ―Japan, tourism nation.

僕の若いころは日本に来る外国人は物好きだけで、外国は行くためにあるものだと思っていた。日本はどこへ行っても似たような風景だし、食事だって特殊だし、温泉などは日本人だからこそ好むものだし、な〜んにも面白いものはない。

ところが海外をいろいろ回ってみると日本ほど素晴らしい国はないということが次第に分かってきた。アメリカから見た日本、ヨーロッパから見た日本、東南アジアから見た日本……住んでいる国や環境によってそれぞれ異なる印象があるだろう。

都会は高層のビルが立ち並び、交通機関は正確無比のダイヤで管理され、ミシュラン公認の三つ星レストランも本国より多く、横町のラーメン屋も安くておいしい。地方に行けば列島の中央は高い山で占められ、奥深い森は神聖な雰囲気を醸し出す。全国いたるところに質の異なる温泉があり、バイキングで食べ放題の旅館。そのお・も・て・な・しはかゆいところに手が届きそうだ。神社や仏閣は歴史の匂いが堪能でき、その神聖な雰囲気は心が洗われるようである。しかも北から南までなんでも揃っていて、日本にいるだけで事が足りそうだ。

僕が日本を誤解していたのも、実は日本人特有の精神構造がある。「どこか美しいところがありますか？」と聞かれると、ほとんどの日本人は「さ〜、別にないね。どこへ行っても一緒だからね〜」と申し訳なさそうに答える。

これは一つには日本人は謙虚な国民だということがあげられるが、もう一つはあまり海外と比較して自国を見ることがないというところにある。殺伐とした地域や乾燥地帯から帰ると、日本のしっとりした空気に覆われた自然は何にも増してすばらしいし、それに対する洗練された都会の利便性とサービスは魅力的だ。

実際海外を歩いてみると、有名な観光地は僕の場合、一度行ったら飽きる。アメリカのグランドキャニオンやナイアガラの滝、イタリアのコロッセオ、オーストラリアのエアーズロック、エジプトのスフィンクスやピラミッドも確かにすごいのはすごいのだが、やっぱり一度行けば満足だ。

やっぱり旅をして楽しみなのは、食事であり、地元の人との交流であり、自然と四季の移り変わりなのだろう。そして温泉が加われば申し分がない。

これから日本の人口は減るばかり。結婚する意思のない四十代独身が隣近所にも多い。これじゃ人口が増えるわけがない。

移民を厳しく制限してきた日本は、いったい人口の減少の対策をどうするつもりなんだろう。これじゃ日本に労働者がいなくなると思っていたら、いつの間にか入国管理法を無理やり改定し、人数の制限はあるものの、外国人が日本に来て仕事ができるように、きつく閉めていた門を開け始めた。外国の嗷々《ごうごう》たる非難を受けてまで外国人の流入をずっと水際で避けてきたのに、あっという間の出来事である。僕なんか人口の減少を本気で心配していたので、腰抜けの状態だ。

これからは法律の規制にかかわらず、必要に応じてどんどん外国人労働者が日本に入ってくることだろう。彼らも一般のインバウンドの旅行客同様、自国の親戚や友人を招いて観光客を増やしていくに違いない。

外国人との交流の機会が増えるほど、日本人の言葉や食べ物、習慣だけでなくメンタル面も少しずつ変化を遂げる、その大きなエポックになるだろう。これが日本が脱皮する新しい転機になるはずだ。

こんな具合に外国人があふれだしたら、共通語として英語がますます必要になってくることは火を見るより明らかだ。いろんな違う言葉があるが唯一の共通語と言えば英語以外にはないだろう。ほとんどすべての国民が英語を習っていると思われるので、英語さえできれば、最低のコミュニケーションは取れることになる。

9. 国際交流は地方から ―International Exchange is more suitable in local.

東京は、外国人と接する機会には事欠かない。ホテルに行けば外国人ばっかり、大学には留学生、街を歩けば観光客やビジネスマン。六本木などは、どこか外国にいるような錯覚に陥るほどだ。つまり、東京はいろいろな人種が交じり合った国際都市というわけだ。だから地方は……と次のセリフが聞こえてきそうな気がする。ところがどっこい、そうは問屋が卸さないところが面白い。

皆さんはわが町（宮城県美里町）に「美里国際交流協会（ＭＩＦＡ）」というものがあるのをご存じだろうか。田んぼと神社しかないと思っていたわが町に、少なくとも国際交流に興味を持っている人たちが一〇〇人以上もいる。

国際交流とはすなわち、外国人と異文化に接することだ。会員の人たちは常に新しいもの、何か異なるものを求めているのだ。僕はもう一度わが町が好きになった。

英会話コンテスト部会では、昨年からスズメの涙ほどの予算を最大限に活用して、英会話のコンテストで選ばれた中学生をアメリカのミネソタ州ウイノナ市に送っている。その見返りにウイノナの中高生がやって来てそれぞれホームステイをし、日本文化を楽しんでいく。ホームステイ部は、仙台の留学生を会員や町民の家庭に招き、そのほかに会をサポートし、いろいろなイベントを企画する情報・支援部、文化交流部などがある。すべてが会員のボランティアによって行われているからすごい。事を成すのは建物や設備ではなく、結局は人間なのだ。

東京のような忙しいウサギ小屋では（失礼！）ホームステイはできず、心温まるような家族ぐるみの交流は難しい。歴史に育まれた郷土の誇りや伝統とは遠い部分もあるだろう。

地方には自然に恵まれたやさしい環境がある。つまり国際交流は地方でこそ有意義なのだ。ホームステイではお客さんには特別な歓待はいらない。日ごろの生活を見せてあげれば、それでいい。

宗教や言葉、習慣の違いを乗り越え、好奇心の塊になろう。きっとわたしたちの知らない生の外国の知識や情報がふんだんに得られるに違いない。あなたの視野が一回りも二回りも広くなること請け合いである。そろそろ心臓に毛生え薬をかけて、英語をＢｒｕｓｈ ｕｐし、好奇心の塊になろう。

10. 英語は非英語国人から学んだほうがよい？
―Learn English from the nation of non-English speaking countries?

英語は英米人から習ったほうがよいというのは定石だ。何しろ英語は彼らの母国語だし、発音は正確だし、文法も間違いがない。だが彼らとしゃべると、彼らは絶対に正しい、自分は相当間違っている（はずだ）という劣等感で会話が前に進まなくなってしまう。

こちらは常に間違いや失礼があってはならないという先入観で、せっかく思い出した単語も口にできない。そんな状態が続くと、結局自分の英語に自信がなくなり、外国人の前で話せなくなってしまう。

かくいう僕も英語を必要としている商社に入ってさえも（いや、入ったからこそ）アメリカのバイヤーと話す時、お客様に失礼があってはいけないという日本人特有の道徳観でがんじがらめになった。したがって、僕の英会話はちっとも上達せず、商品説明のプレゼンテーションさえ、ろくにできなくなった。

だが、僕のそんな劣等感が払拭《ふっしょく》されたのは、香港の取引先のメーカーと話した時だった。

香港はイギリスの植民地だったために英語を話す人が実に多い。彼らの話し方は英米人のようにスムーズだ、と初めは思っていた。ところが何度かつきあっているうちに、彼らの文法が結構でたらめだということに気がついた。単語が間違っていたり、HeとSheの発音があいまいだったり、単数と複数がいい加減だったり、現在と過去がゴチャゴチャだったり。まして、関係代名詞や、経験や完了を表す現在完了などとはまるで無縁だ。

流暢にペラペラとしゃべるので、すごい能力だと初めは感服していたが、慣れるにしたがって、中身が透けて見えてきた。彼らの英語もたいしたことがないな、と。だが、優越感に浸ったのも束の間、とても重要なことに気がついた。多くの間違いにもかかわらず、彼らの英語はよく分かるのである。

これを知ってから、僕の英語がとてもスムーズになった。会話がはずみ、取引のみならず個人的な関係も親密になった。

彼らも英語は学校で勉強し、努力して習得したものである。我々と一緒だ。これは香港人のみならず、多くの国に言える。特筆すべきは、イギリスを除くヨーロッパの国も同様だということである。我々は白人と見ると「英語がうまい」と思ってしまうが、イタリア、フランス、スペインなどのラテン系は下手だ。フランス人はよく気位が高いので英語は分かっているのにしゃべらないと言われるが、実際にへたくそな人が多い。イタリアやスペインは日本と同じく母音が多いので、英語の発音は日本人とあまり変わりがない。彼らの英語も我々と同じく、学校で習った英語なのである。

このようなわけで、英米人とおつきあいして英語に自信を失っているあなたには、ちょっと目先を変えて、非英語国人の友達を得ることをお勧めしたい。つまるところ、英会話とはコミュニケーションの手段であり、礼節を守ろうとするより、相手を理解し、こちらを分かってもらうことが最も大切なのだから。

11. 独り言を言う —Speak thinking aloud.

「何をブツブツ言ってるの？」

どうやら仕事に夢中になって、僕は知らず知らずのうちに何かつぶやいていたらしい。ジェフはおせっかいなやつで、何にでもしゃしゃり出てくる。彼は日本語がペラペラなアメリカ人だ。僕は彼を追っ払うために「I am speaking to myself.」（独り言を言ってたんだ）と答えた。すると彼は大きい目をさらに大きくして言うではないか。

「斎藤さん、自分に話しかけるようになったらマズいよ」だって。

「じゃあ、何て言えばいいんだ」

僕はこの表現にはいささか自信があったので、むっとして言った。

「それはね」と、ジェフはしたり顔で言った。「Speak thinking aloud.」つまり「思っていることを口に出す」って言うんだ。

なるほど、なるほど、発想の違いは恐ろしい。


さて、本題は表現の違いについてではない。つまり独り言は英会話上達の有益な手段だということを言いたかったのだ。英会話、英会話と騒いでいるが、英会話とは、つまるところ学生時代に大いに泣かされた「英作」の文章を口に出して言うだけにほかならない。

物事は習慣だ。日常、頭の中で考えたことをすべて英語にしてみるといい。「ああ、おなかが空いた」と思ったら、それを口に出して英語で言ってみることである。「I am hungry」だけではない。「I'm starved」もある。もし、これらの表現が分からなければ、何でもいいから自分の知っている単語で、空腹なことを伝える表現を探してみることだ。

例えば「I want something to eat」（何か食べるものが欲しい）とか、「My stomach is empty」（私のおなかは空っぽだ）。えい、それでも分からなければ「food, food」（食べ物、食べ物）と言って自分のおなかをさすってみたらどうだろう。

僕は毎日愛犬のさくらを近くの河の土手に散歩に連れていくが、英語で話しかけることにしている。そのせいか、さくらは英語でないと分からない!? 「今日はお天気がいいから橋のたもとまで行こうか」とか「そろそろシャケが上ってくるころだね。今度見に行こう」とか思いついたことを全部英語で言うのだが、さくらは僕の英語にうなずいているように見える。

地球には国境線がないように、自分の思っていることを表現する方法は千差万別である。要は思いを相手に伝えることができればいいのだ。これが世にいう「独りごと学習法」である。いつも小さな和英辞典や翻訳機をポケットに忍ばせて、分からない言葉があったらちょっと開いて見れば理想的である。たくさんの人が街の中でブツブツ言いながら歩いていたら、とても面白いかもね。これこそ日本人総白痴化というやつだ。でも、その後に来るのは日本人総国際人だ！

SEASON-3

1. 外国人とつきあう方法 —How to associate with foreigners.

一口に外国人と言っても、日本人以外すべて外国人である。言葉だけでなく、宗教、食べ物、習慣、教育、法律、歴史、風土と何もかも違う。従ってつきあい方は当然通常の日本人とは異なってくる。数え上げればきりがないが、その代表的なものを僕の経験からあげてみよう。

第一の法則は、「国や人種によって偏見を持ってはいけない」ということである。「日本人は優秀だ」などと自分たちでは思っている人が多いようだが、僕の経験では、人種や肌の色に関係なく、能力は変わらないように見える。実際、経済力やノーベル賞の数などの差はあるが、これは人種の差ではなく、教育や環境にあることは間違いない。アマゾンの奥地で発見された小さな集落の日本人が、読み書きさえろくにできなかったことをみると、少なくとも日本人種が本質的に優れているなどとはお世辞にも言えない。貧困を理由に他国をバカにしていたら、一〇年後には立場が逆転していないと誰が言えるだろう。

第二の法則は、「親切にお返しは期待するな」ということである。我々の社会では何か親切にしてもらうと、すぐにお返しを考える。何かしてあげてお返しがないと「あんな失礼なやつはいない！」などと言って、それっきりになってしまう。西洋人に言わせれば、**親切はその人がしたいからしている**のであって、決して頼んだわけでも、お願いしたわけでもないのだ。だからといって彼らは決して親切を忘れているわけではなく、何かあなたが困っている時には助けてくれる。国際関係に日本人特有の義理、人情は通用しない。

第三の法則は、「意思表示をハッキリさせること」である。あまり言い過ぎると悪いとか、言わなくても分かってくれるだろうと思って誤解され、日本人同士でさえ時々問題があるのに、「いわんや外国人をや」である。大切なことは、言いにくいことでも、しっかり伝えておいた方がよい。

第四の法則は、「自分のことを話すより、その人や国について質問すること」である。我々が外国に行って、日本のことを聞かれれば悪い気がしない。つたない英語でも必死になってしゃべってしまう。その逆も真なりだ。人となりだけでなく、今まで知らなかった意外な側面が分かって、急速に親密感が増し、生涯の友人ができるかもしれない。

2．ジョギングの勧め ―Try jogging.

世界二九カ国にビジネス訪問したと言っても、どこの国でもジョギングをしたわけではない。何しろ陸上部の経験がないのに走り出したのは四〇歳を過ぎてからだった。運動不足が気になったのと、イギリスのバイヤーのグロスマン氏が来日するたびに毎朝皇居の周りを走っているのを聞いて刺激されたためだ。

陸上部で鍛えた体ではないので、スピードもなければ、長距離も走れない。それでも、外国はラスベガス、ハワイ、香港、台北、中国の中山、ロンドン、パリ、マルセイユ、ダンケルク、ローマ、ボローニャ、ベニス、ソウルなど走った。何しろ朝早く起きて五キロくらい走るのだから、時差との戦いもあるし、大事な商談の前はあまり疲れないように自重しなければならない。

なぜラスベガスで走るのかというと、展示会の会場がここにあるせいだ。毎年一月の初旬の開催だから、砂漠といえども結構寒い。夏は夏で四〇度以上の暑さになり、まともに走れたものではない。ホテルが馬鹿でかいので、周りを三周もすれば五キロくらいになってしまう。

最もよく走ったのは年に一〇回ほどは行っていた香港だ。チムシャツイのホテルからビクトリアハーバー沿いの道を、フェリー乗り場近くの時計塔まで走る。海風といっても決して涼しくはない。湿った油臭いにおいがプンとくる。だが、これが香港のにおいだ。悪くない。

いろいろな国のジョギング仲間がたくさんいて、すれ違うと手を振ったりする。

台北は歩道に段差があって極めて走りにくい。公園に入ると多くの善男善女が太極拳をやっているのに出くわす。ジョギングは歩くのと自動車の中間のスピードだから、ほどよい速度で景色が変わる。時には何かめずらしいものを見つけ、わざわざ戻ってじっくり見たりする。

印象的だったのは、ベニスだ。水に浸ってしまったサン・マルコ広場の桟橋を経て、石畳の細い道を通ってリアルト橋に至り、狭い街角を曲がる。急に教会の鐘が鳴り、ハトがばたばたと飛び立つ。修道女の後ろ姿がチラリとかすめた。ゴンドラを左手に見ながら細い海岸通りを経てホテルに戻ると、頭の中はすっかりベニス色だ。

パリも悪くない。エッフェル塔の下をくぐり、セーヌ河沿いを走る。テーブルや椅子をセットするレストランのボーイがウインクして挨拶する。

時には道に迷ってしまうこともある。初めて行ったミュンヘンでは、完全に道を間違えてしまって、走れば走るほど自分がどこにいるか分からなくなった。ドイツ人は英語のできる人は多いが、早朝だとチェコやポーランドから来た出稼ぎの人たちが多いので、英語がまったく駄目で、僕の片言のドイツ語でやっとコミュニケーションができた。おかげで二時間近くも走り回って疲れてしまい、その日は一日中眠かった。

いまだに残念なのはアメリカのシカゴやロサンゼルス、マイアミ、タイのバンコク、シンガポール、マレーシアのコタバルーを走れなかったことだ。

町の中も楽しいが、やはりジョギングは川や海、湖の水を見ながら走るのが最高だ。もちろん国内もしかりだが、外国でのジョギングは人生の贅沢のひとつだと思う。外国旅行の楽しみのひとつとしてジョギングをぜひお勧めしたい。おまけと言ってはなんだが、これを機に、各地のマラソン大会に出てみるのもいいかも。

3. チップの功罪 ―Is tip useful or just troublesome?

面倒くさいというのが、チップに対する第一の感想である。アメリカやヨーロッパの国々だとチップはホテルにしろレストランにしろ絶対的だが、香港や台湾、韓国はやったほうがいいのか、やらなくともいいのか迷ってしまう。「正当の代金を払ったのになんで?」とも思うし、特別サービスをしてもらったわけでもないのに払わなければならないのは正直腹も立つ。日本では旅館などで部屋を汚した場合や中居さんに特別親切にしてもらった時には謝礼の意味で払うことはあるが、むしろ例外である。

習慣の違いと言ってしまえばそれまでだが、それを積極的にうまく使っている先輩がいる。Kさんである。

コンベンションが開かれている場合、人が多くて、朝食を取るにもレストランの前に長蛇の列。下手すると急いでいるにもかかわらず二〇～三〇分は軽く待たされる。朝一でバイヤーとの商談が控えているので気が急いて仕方がない。そこでKさん、我々を引き連れると入ってくる客を仕分けして、テーブルを案内している女性の手をそっと握ると、アーラ不思議。長蛇の列を無視して我々をすぐに中に通してくれた。もちろんチップが物を言ったわけだが、Kさんの渡し方といい、仕分け係の受け取り方といい、実に堂々たるもので、映画の一シーンに出てくるようだった。これは、ラスベガスでの話。

ドイツの場合もコンベンションがらみだったが、ホテルのチェックインカウンターにはいろいろな国の人が群がって喧噪が起きていた。どうやら代理店が部屋をオーバーブッキングしていたらしく、予約したのに部屋がない客が大騒ぎしていたのだ。例によってコンベンションの時期はホテルがすぐ満杯になり、これから他のホテルを探すのも至難の業だ。おまけに外は雪交じりの風。重いバッグを引きずりながらホテルを探すことを考えただけでうんざりしてしまう。

Kさんは別段困った顔もせず、客に何もできずにブラブラしているレセプションの男性と世間話をしていたが、それから何分もしないで、部屋の鍵を受け取った。部屋

がまったく空いていないはずなのに部屋が取れてしまったのだ。うれしいというより
あ然としてしまった。もちろん、この結果はそれ相当のチップによって可能になった
ものだが、それによってこんなにも簡単に不可能が可能になることを見せつけられた
瞬間だった。

ここで大切なことは、チップを渡してもそれを拒絶されるか、効果がまったくなかった場合である。さあ、Kさんはどうしただろう？　彼は握らせたチップを返されると、「フン」と言ったきり何事もなかったような顔をしている。要求を拒否されてへこんでいるかと思えば、彼にとっては駄目元なのだ。これも外国人とつきあう場合のずうずうしさである。

チップは消極的に考えると義務的な感じがするが、積極的に使えば駄目なものも良くなる魔法のおにぎりなのだ。どうせ払わなければならないとすれば、ずうずうしさとともに有効に使いたいものだ。

4. イギリス人には分からない ―English doesn't understand this.

ジョークと言うべきか、ユーモアと言うべきか区別が難しいが、僕がアメリカに行くと徹底的に英語に自信を失う場面がある。ラスベガスはCES（コンシューマー・エレクトロニクス・ショー）のコンベンションの開催地でもあり、カジノのメッカでもあるが、大きなホテルでは世界的に有名なショーを見ることができる。

パリのムーラン・ルージュのような晴れやかなグランドレビューや、世界的に有名な歌手のセリーヌ・ディオン、マジック、サーカス、アクロバットと枚挙にいとまがない。これらのショーは二時間半から三時間にわたって行われるが、その中に必ずと言っていいほどコントが入る。観客はあたかも面白いのを知っていて、始まる前から笑う準備ができているようだ。演者が話し始めるとすぐにクスクス、ゲラゲラの笑い声が聞こえ始める。僕も笑う準備をしてその場面が出てくるのを待っているのだが、みんな涙を拭きながら笑っているのにまったく面白くない。「うちのカミさんは……」などと妻の悪口を言っているうちはいいのだが、そのうち意味が分からないのかそれさえ分からなくなってくる。五〇〇人以上もいると思われる観客の中で一人だけ聞き取れないのか取り残された気分だ。「うわー、僕の英語は駄目だ！」と自分の至らなさを思い知らされる。

時にはなんとか意味が把握できて一緒に笑えてほっとしたりするが、涙を拭くどころか、ほんの片えくぼ程度である。一緒に行ったアメリカ人に「どう？ ほんとに面白い？」と聞いてみると、「うん、まあ、まあね。でも、面白いよ」という返事が返ってくる。受け取り方は色々なのだ。

昔、初めて行ったニューヨークで初めてコントにお目にかかった。漫才のような二人のやりとりだったが、例によって観客は大いに笑いこけている。僕はそれを見てshrug（肩をすくめる）するだけ。そんな中、突然観客席に潜んでいた出演者の一人がステージに向かって「Mr. President」と舞台の上にいる大統領とおぼしき人物に記者質問を始めた。よくしゃべる記者で、政治問題から、経済、文化、外交まで次から次へと飛び出してくる。散々しゃべった挙げ句、最後に彼は「What is your opinion?（ご意見はいかがですか）」と質問を締めくくった。五分もしゃべっただろうか。大統領はしばし考えていたが「アー」と声を出した。観客はどんな返事をするのだろうかと固唾《かたず》をのんで待っていたが、やがて大統領は澄まして答えた。

「I beg your pardon?（すみません、もう一度）」

会場は大爆笑だったが、僕も笑えた。記者の言っていることは早すぎて聞き取れなかったが、コントの面白さの意味が分かったからだ。こんな時は「やったぜ、ざまーみろ」と言いたくなるが、こんなことは例外である。やっぱりほとんど分からないことには変わりがない。

たまたま、ＣＥＳの展示会が終わってからイギリス人のバイヤーを二人ショーに招待した。

ジョーク好きのイギリス人ならさぞかし楽しんでくれるだろうと期待していた。例によって、コントが始まり、会場に大爆笑の渦が巻き起こる。しかし、イギリス人はちっとも笑わない。それどころか、何がおかしいかというように白けた顔をしている。僕は恐る恐る彼らに聞いた。

“Isn't that funny?”（面白くないですか）

“No, nothing at all.”（全然）

彼らは不審そうな僕の顔を見て、理由を説明してくれた。

「コントはその国（アメリカ）のトピックを茶化しているので、外国人には意味が分からないし、あまり面白くないんだよ」

ウワーッ、そうだったんだ。僕は面白くないわけが初めて分かって大いに納得した。だが、言っている内容が分からないことには変わりがない。

果たして、僕のヒアリングの悪さは耳が悪いせいか、ヒアリングの能力が劣っているのか、いまだに分からない。通常の仕事や情報交換のコミュニケーションにはまったく不自由しないのだが、自分に関係のないことや、関心のないテーマでは、ヒアリングの能力が極端に落ちることを認めざるを得ない。

5. 80日間世界一周 —Around the world in 80 days.

若いころ、僕たちの世代は海外旅行にあこがれ、映画やテレビ、そして旅行記に夢中になった。自分たちにとって不可能なことをこれらの作品は見事に、しかもリアルに具現してみせた。

最も代表的なものは、一八七二年に出版されたジュール・ヴェルヌ原作の『80日間世界一周（Around the world in 80 days)』の映画である。デビッド・ニーブン扮するイギリスの伯爵、それにパスパルトゥーという従者が当時最も近代的な乗り物とされた気球や、蒸気機関車、船に乗って世界を旅する。限られた日数で世界を一周できるかどうか、多額の賭け金がかかっているから真剣だ。懐中時計を見ながらヨーロッパ大陸から中近東、東南アジア、北米大陸を駆け足で回る。今になっては映画の内容はほとんど覚えていないが、たくさんの国の風景や異文化の風習に、あこがれと驚きで見入ったものである。当時開国したばかりの日本もちゃんと入っていて、相撲の関取が下町の屋台で蕎麦《そば》を食べている場面が出てきたりする。あまりの刺激に、僕の海外旅行熱はますます増幅されたものだ。

その後テレビをにぎわせたのが「兼高かおるの世界の旅」だ。駆け足旅行だったが、彼女が実際にパン・アメリカン航空で訪れた国々を案内してくれるので、初めて日本人も海外の観光旅行ができる可能性を示唆した。内容もさることながら、兼高かおるの美貌と気品が番組の印象をさらに鮮明にした。二〇一九年亡くなられたのはとても残念である。とにかく行く先々が美しく、魅力にあふれ、手招きしてこちらを呼んでいるように感じてゾクゾクしたものだ。

その後ベストセラーを記録した小田実の『何でも見てやろう』は衝撃的だった。ただ、残念ながら印象の割には内容を覚えていない。当たって砕けろの冒険旅行だったと思われる。とにかくやたら衝撃的だった！

このような旅行記がベストセラーになったのは僕ならずとも、当時の日本人がいかに外国にあこがれていたかを物語っている。

僕の海外に対するあこがれはこれらの作品がもたらしたことは疑いようがない。感極まって、高校時代父親にフランスに行かせてくれと本気で頼んで、怒られてしまった。「金はどうするんだ。家にはないぞ」と言われて、「現地に行ってバイトでもなんでもするから、交通費だけでも」と懇願したが、許可は下りなかった。もし行っていたら、どうなっていただろう。パリの場末のレストランで太ったかみさんの尻に敷かれ、ブツブツと人生を恨んでいたかもしれない。良かれ悪しかれ、僕の人生は大きく変わっていたことだろう。

最近、外国はやたら近く、そして安くなった。後期参入で売り上げを伸ばしているH.I.S.などでは韓国、台湾などが飛行機代に三泊ほどのホテル代が入って三万円台で、下手な国内旅行よりも安い。昔は旅行会社や農協を中心とした団体旅行が主だったが、今では飛行機はビジネスクラス、ホテルは五つ星などの豪華旅行だったり、秘境めぐりや個人の趣味を満足させる個別の旅行に変わってきた。

テレビでは日本人も驚くほど日本語がペラペラの外国人がマスコミをにぎわせ、世界はすぐそこにあるような感じさえする。現にほんのちょっとバイトで稼げば、すぐにでも外国に行ける。このような変化は日本人にさらなる変化をもたらしつつある。外国が近くなったと同時に、英語もその必要性がぐんと増した。

海外旅行も、世界遺産や有名な観光地を見て回るだけではやがて飽きてくるだろう。最大の面白さは人との交流だ。そのためには英会話は絶対に欠かせない！

6. スープは食え ― Eat soup.

海外でレストランに入ると、フォークやナイフ、スプーンがたくさんあって、どれから使っていいか迷ってしまう。箸文化の日本人がとても困る場面である。「まあ、どれでもいいか。食えばいいんだろ。食えば」

ところが大変、隣を見ても向かいを見ても皆違うものを使っている。

「アレー！」そこであなたは大慌てする（実際は外側から使っていけばいい）。

むしろ食事のマナーで最も大切なことは、「音を立てない」ということである。日本では、おいしい食事を楽しんでいる表現に「舌鼓を打つ」というのがある。読んで字のごとく、舌で太鼓をたたくようにタンタンと音を出すことだ。みそ汁や蕎麦などはズーズー、物をかむ時は唇まで動かしてペチャペチャ、歯にものが挟まれば爪楊枝でシーシー。伝統的な日本人の食事は、とかく音が多い。

だが、あなたは、これが欧米では最も卑しむべきことだとはご存じあるまい。子供たちは、どこの家でも徹底して母親にしつけられる。「音を立ててはいけません！」。

僕がマイアミのホテルで食事をしていた時、向こうのテーブルからズーズーとスープをすする音が聞こえてきた。「ははん、日本人だな」と思ってニヤッとしていると、やはりそうだった。驚いたことに他のアメリカ人の客が一斉に目を剝いて眉をひそめている。明らかに侮蔑の表情である。恐らく彼らに印象を尋ねたら「野蛮人」と言いたかっただろう。それ以来、僕は音を立てて食事をする日本人を見ると、背中に水をかけられたようにゾッとするようになった。

じゃあ、アメリカに行った時、蕎麦やラーメンはどうやって食えばいいって？　実を言うとその答えは難しい。現地の人たちは、パスタを食べるように、スプーンに載せて口に入れるか、モグモグと口の中に押し込んで、決してズーズーとすすり込んだりはしない。見ているとズーズー、スパッという歯切れがないので、あまりおいしそうには見えない。まあ、蕎麦やラーメンが出るのは日本レストランか専門店が多いので、その道の「通」がいることを期待して、その二つに関しては大いに音を立てていいと僕は思っている。「てやんでえ、モソモソとソバが食えるか」

でも形は似ているが、パスタは絶対駄目！　軽蔑の視線が雨あられのように飛んでくることは請け合いだ。

7．イギリスとドイツは料理が下手

―AngloSaxon and German are poor in cooking.

大雑把に分けるとアングロサクソンは基本的にはイギリス人であり、ゲルマンはドイツ人である。この二カ国は一般に料理がまずいと言われる。実際僕も、これらの国でおいしいものを食べたという記憶がない。

これらの国でおいしいものと言えば、大体がスペインやイタリア、フランスのラテン系か、中華または日本料理のオリエンタルである。

世界の政治、経済、文化を牛耳るアメリカも多人種とはいえ、基本的にアングロサクソンと言っていいだろう。ロンドンではチャイニーズレストランを探して歩いたし、ドイツでもごちそうと言えば中華か和食である。海外に行って二〜三日経つと、もう日本食が食べたくなり、それがないところでは中華で大満足である。これは僕が日本人であるせいと思われるが、それればかりとは言えない。イタリアではパスタを中心とするイタリアンを十分に楽しめるし、フランスでは各地方でいろいろなごちそうがあり、スペインの地中海料理も抜群である。

イギリスとドイツはなぜ食事がまずいのか、真剣に研究したら博士号を取れるかもしれない。地理的にはイギリスとドイツはドーバー海峡を挟んでかなり近い。イギリスもドイツも古代においてはローマ帝国に支配され、ブリタニア、ゲルマニアと呼ばれた。中世時代はゲルマン民族がたくさんイギリスへ移動し、その後いろいろな人種が混じったが、その名残でイングランドの南部はゲルマンが占めていると言われる。

英語の基本はドイツ語だと言われて、我々が聴くとびっくりしてしまうが、これがその理由だろう。

ベルギー人の友人によれば、英語の四〇パーセントはドイツ語と共通だというが、僕にはとてもそうは思えない。だが、英、仏、独、蘭の四カ国語がペラペラな彼は「ほんとだよ」と言って譲らない。日本語と英語しか話せない僕には反論できないのが癪に障る。

彼らにしてみれば、お互い昔から行き来し、攻めたり、攻められたり、移住したりしているのだから、彼らなりの共通性が見えるのかもしれない。

ニュージーランド同様、国の大きさや大陸を近くに控えたイギリスは日本と似ているとよく言われるが、そんな概念でとらえると、とんでもない間違いを起こすかもしれない。日本は弥生時代を除いてあまり人種の混合はないと思われるのに対し、イギリスが北欧のバイキングや大陸の人種が多く混じった人種であるという大きな違いがある。彼らは古代から中世にかけて、征服、非征服の抗争を経て、現在に至っているのだ。そういう意味では日本は海外からの征服にはほとんど無縁と言ってよく、地球上でも珍しい国かもしれない。

かく言うドイツもポテトやフランクフルトソーセージしかないように見えるが、僕の泊まったデュッセルドルフの郊外のホテルで食べたパンとコーヒーの味は抜群だった。あまりうまいものがない国で、何でもない普通の食品がキラリと光るのがいい。

8. 神へのインタビュー ―Interview with God.

ここに紹介するのは、香港の友人がEメールで送ってきたメッセージである。彼女は一月の初旬に最初の赤ちゃんを無事に出産した。内容が哲学的示唆に富み、大変興味深かったので、このページを借りて紹介したい。以下は英文を僕が翻訳したものだが、実際には各フレーズがスイスの雪を頂いた山や、夕日が沈もうとしているアフリカの大地や、轟々《ごうごう》と大河が流れ落ちる瀑布や、紅葉の山裾を縫って流れるせせらぎなど、見事なまでの美しい風景の画面とともに文章が書かれていて、とても厳かな雰囲気が漂っている。

わたしは神様にインタビューした夢を見ました。

「で、あなたはわたしにインタビューをしたいのだね」と神様が言われました。

「もし、時間がおありになれば」とわたしは答えました。

「わたしの時間は永遠だよ。どんなことを私に尋ねたいのかね」と神様は微笑んで言われました。

「人類について、神様はどんなことがもっとも不思議に思いますか」とわたしはおずおずと尋ねました。

「将来のことを懸命に考えているのに、現在にも将来にもそれが生きていないこと。決して死なないと思って生きているのに、生きていなかったように死んでしまうこと。子供であることに飽きてしまい早く大人になりたいと思うのに、再び子供に帰りたいと思うこと。お金をつくるために健康を害し、健康を取り戻すためにお金を失うことだ」と神様は答えられました。

「子供たちが学ぶべき人生の教訓とは何かを教えてください」とわたしは勇気を出して尋ねました。なぜなら、わたしは一カ月後に初めての赤ちゃんを授かる予定だったからです。

「大切なことは人に愛されようと思うのではなく、人を愛そうと思うこと。もっとも価値のあるものは物ではなく、人であるということ。他人と比べることは良くないということ。愛する人を傷つけることはたやすいが、それを直すには長い時間がかかるということ。お金は何でも買えるが、幸せと人の心は買えないということ。人は同時に同じものを見ることができるが、それぞれ違った見方をしていること」と神様は微笑んでお答えになりました。

それから神様はわたしの手を取って静かに言われました。

「そして、わたしがいつもここにいること……」

9. グリーンカレー ―Green Curry

これにお目にかかったのはいつだったか記憶が定かでない。生涯のおつきあいをするようになった親友がどういういきさつで知り合いになったのか、どうしても思い出せないのと似ている。

初めてタイ料理をごちそうになったのはタイではなく、マレーシアのクアラルンプールだった。独特のスパイスの香りが刺激的だったが、特別うまいと感じたわけでもない。

その後、香港のメーカーと取引することになり、招待されたのはタイ料理屋だった。その時ごちそうになったトム・ヤム・クンの味は今でも忘れられない。「トム・ヤム・クンとは何？」と聞くとトム・ヤムはスープでクンはエビ、すなわちエビスープだという。あまりにおいしかったので、あとでまた、会社のエンジニアたちと食べに行った。彼らにも大好評で、お代わり、お代わりの連続で懐が心配になってきた。

他に同じようなものはないかと聞くと、トム・ヤム・ガイがあるという。値段が少し安い。ガイは鶏の意味だから鶏スープだ。期待して食らいついたがガックリ。期待は裏切られた、というよりトム・ヤム・クンがうますぎた。

その後、香港に頻繁に通うようになって、昔のランタオ・エアポートの周辺にタイレストランがたくさんあることが分かり、帰国の待ち時間を利用して立ち寄った。いつかこの味を持ち帰って家族に食べさせたいと思うのは、家族思いの自然な成り行きだろう!?

僕は取引先のパトリックに頼んでタイ料理の食材屋さんに連れていってもらった。

ワンチャイの細く薄暗い通りにその店があったが、期待のトム・ヤム・クンはなく、カレーのペーストしか見つけることができなかった。グリーンとレッドとイエローがあったが、一番ポピュラーと思われるグリーンカレーにした。

さっそく家に帰って調理。何しろ自分で食べたことがなく、当時レシピも揃っていなかったので、イメージだけが頼りだ。鍋にナスと鶏手羽元とホールトマトをたっぷり入れ、最後に購入したカレーペーストを入れた。あまりの刺激に思わず咳き込んでしまった。涙が出て、鼻水が出て、くしゃみが出て、妻が何事かと驚いてキッチンに飛び込んできた。

家族一同、その光景を見て恐る恐るスプーンを口に運んだ。初めはその辛さに顔をしかめて、フーハーやっていたが、やがてニンマリと笑顔に変わった。

「うまい!!」

その後、ココナツミルクを加えるなど自己流に改造していった。タケノコも入れてみる。辛い物好きの友人を誘ってごちそうしたら、ものすごい人気。「うわ、辛。いや、うまい」の連続で、お代わりをするわわするわ。たちまち大きな鍋が空っぽになってしまった。辛いせいか、いくらお代わりしても不思議と満腹感がない。

一度は本物のグリーンを食べなければと香港のビクトリアピークのタイレストランに行った。これだ、これだと期待して手もみをしながらむしゃぶりついたが、あまりの香辛料の強さに思わず、ゲッ！　となってしまった。癖が強くて、あまりうまいものではない。

「これが、ほんとのグリーンカレー？」

恐らく本物のグリーンカレーを食べていたら、僕流のグリーンカレーはできなかったに違いない。何という偉大なミスマッチ！　歴史はこのようにして回っていくのだ。

いずれ時間ができたら、家でグリーンカレーのレストランをやりたいと思っている。参考までに僕の使っているカレーのペーストはMae Ploy（マエ・プロイ）というブランドだ。他社のペーストもトライしたが、やっぱりこれが一番うまい。タイ料理の調理で最も気をつけなければならないのは、ペーストである。

最近手羽元から鶏肉の胸肉に変えてぶつ切りして入れたが、悪くない。油がペーストと混合し、コクを増したような気がする。これからも探究を続ければ僕流のグリーンカレーがさらに進化を遂げることだろう。

トム・ヤム・クンのペーストもメーカーによって大分味が違う。こちらはまだ理想のブランドは見つかっていない。ああ、調理の道は深い。

10. 沈黙は金か ―Is silence gold?

「沈黙は金、饒舌は銀」と昔からよく言われる。じゃあ、銅は？　まあ、その答えは別として、この格言は大分すたれてしまったように見える。

曰く、コミュニケーションの時代、情報公開の時代がやってきたのである。今では奥様にぶっ飛ばされてしまうが、昔は亭主が仕事から帰って言う言葉は「風呂、飯、寝る」の三つだけだった？　そして今でも厳然として男は寡黙な方がいいという伝統が根強く残っている。言わなくても分かるとか、腹でしゃべるといった類である。

だが、沈黙は西欧諸国では通じない。彼らの社会は意見の交換で成り立っていて、いかに自分の主張を通すかが社会人としての条件である。

では、なぜ日本人はそれが弱いのか？　相手を傷つけないということもあるが、最大の理由は学校教育によるものが大きい。生徒は一方的に先生の講義を聴くだけで、質問はあまりしない。これは生徒が悪いのではなく、先生も慣れていないし、そのような雰囲気や習慣がないのだ。

日本人と西欧人の会話で徹底的に違うことは、日本人は「ああ、そうですか。ははあ、なるほど」と相手の言葉にうなずくケースが多いが、西欧人は間髪を入れずに自分の意見を言う。これで会話が盛り上がるというわけだ。

西欧の大学では〈debate〉（ディベイト）、すなわち「討論」という科目がある。個人と個人、あるいはグループで賛成派と反対派に分かれ、相手を打ち負かすまで討論を続ける。どんな庇理屈をこねようが、どんなに真実を曲げようが、相手を説き伏せた方が勝ちである。

勝つためには、事前にそのテーマについて徹底的な下調べをする。僕のつきあったイギリスのバイヤーのマルセルさんはすごかった。まるで、こちらの主張を見透かしているように、反論の余地がないほど攻め立ててくる。

「この価格はこれ以上譲れない、なぜなら……」「いや、それはおかしい。わたしの持っている情報では……」

これが延々と数時間も続くと、いい加減根負けして、「ええい、持ってけ泥棒」と言いたくなる。日本の外交が伝統的に弱いのも、このへんに起因しているのかもしれない。

もちろんこれはビジネスの例で、必ずしも一般のつきあいには当てはまらないが、少なくとも外国人と接するには、決して沈黙は金ではないということだ。英会話も中身がなければ、いくら流暢でも意味がないのだ。

11. くそ！──Shit!

僕は外国のジョークが好きだ。ウイットがあって、結構意味深である。その点、日本のジョークは語呂合わせで終わる。僕の海外の友人もジョークが好きで、よくメールで送ってくれる。以下彼の送ってくれたジョークの翻訳版（著者による）をご披露させていただこう。あなたの食事が済んでいることを望む。

■願い事は慎重に

サラリーマン三人が国際会議に参加するために、広い公園を通って会場に向かっていた。道すがら昨夜飲んだバーで女性にもてた話が弾んで、いずれもご機嫌だった。公園の中ほどに至った時、一人が茂みの中にランプが落ちているのに気がついた。

「おい、見てみなよ、ランプが落ちてるよ」と一人が拾って手に取った。

「どれどれ、ほんとだ。ずいぶん古いランプだな。ひょっとして魔法のランプかも」ともう一人が冗談めかして言った。

「ためしにこすってみたらどうだ」と残りの一人がウインクした。

ランプをこすると中から白い煙が出て、ターバンを巻いた小人が出てきた。驚いている三人を前にして小人は言った。

「いや、いや。助かりましたよ。こんな狭い所に閉じ込められていると窮屈でかないません。出していただいたお礼に何か願い事をかなえてさしあげましょう。そうだ、皆さんはお酒がお好きなようだから、その横にあるプールいっぱいにお望みの飲み物を出してあげましょう。言ってください」

三人はしばらく信じられないように目をしばたきながら、「嘘だろう」とか「こんなことってありか」などとつぶやいていたが、小人の真剣な表情を見てフランス人が言った。

「ボルドーの最高級の赤ワインが飲みたい！」

　小人はこともなげに言った。

「じゃ、走りながらブランド名を言って、プールにジャンプしてください」

　フランス人は半信半疑ながらも舌なめずりをして、走りながら彼の好きな銘柄を言うとプールにザンブと飛び込んだ。残された二人は止める間もなくフランス人を眺めていたが、ワインを飲みながら楽しそうに泳ぐ姿を見た時、ドイツ人がそれに続いた。何事かを言って水しぶきが上がったと思うと、最後に残ったイギリス人は、ビールの中で楽しそうに泳ぐドイツ人を見た。

　イギリス人は二人の楽しそうな姿を見て「よし、僕の番だ」と、プールに向けて助走を始めた。彼の脳裏にはハイランド地方の最高級のスコッチが描かれていた。彼がジャンプしようとした瞬間、運悪く水溜まりに足を取られて滑ってしまった。彼は思わず口走った。

「くそ！」

12. 上司に先にしゃべらせろ！ ―Let superior speak first!

前回に続いてワールドジョークである。今回はばっちい話ではないので気楽に読んでいただきたい。これも海外の僕の友人から送られてきた。

■上司に先にしゃべらせろ！

アメリカ人のサラリーマン三人が国際会議に参加するために、東欧の国スロベニアに派遣され、一流ホテルのバーで、エキゾチックな女性を相手に大分きこしめしていた。翌朝、三人とも二日酔いで頭がふらふらしていた。

綺麗に澄み渡った空を見て部長がフーッと深呼吸をして言った。

「おい、みんな、今日は天気がいいから、公園の新鮮な空気を吸いながら会場まで歩いていこう」

すると課長が目をしょぼしょぼさせながら言った。

「そうですね。僕の頭痛も治るかもしれません」

係長もうなずいて「ええ、僕のむかむかも治るでしょうね」

三人が公園の中ほどまで進んだ時、下を向いて歩いていた係長が、茂みの中で何か光っているのに気がついた。彼は茂みに分け入ってごそごそ動いたあと、何か手に持って出てきた。

「見てくださいよ。ランプですよ」

「どれどれ、ほんとだ。ずいぶん古いランプだな。ひょっとして魔法のランプかも」

と課長が冗談で言った。

「ためしにこすってみたらどうだ」と部長がウインクしながら言った。

係長がランプをこすると中から白い煙が出て、あれよあれよと驚いている間にブワァ～ンと大男が現れた。驚いている三人を前にして大男は言った。

「驚くことはありません。私はランプの精です。皆様が来るのを何千年もお待ちしておりました。出していただいたお礼に一つだけ願い事をかなえてあげましょう」

三人はしばらくお互いを見比べながら信じられないようにIncredible!（インクレディブル）とかImpossible!（インポッシブル）などとつぶやいていたが、大男の真剣な表情を見て係長が言った。

「メキシコのアカプルコに行きたい。大金持ちになって浜辺で美女といちゃいちゃしたい」

そう言うやいなや、二人の前から係長の姿はス～ッと消えてしまい、気がつくと係長はアカプルコの海岸の水辺で美女に寄り添われながら一杯やっている自分を発見した。

消えてしまった係長を見て、課長が言った。

「僕はマレーシアのペナン島だ。前から行ってみたかったんだ。美人と海沿いの別荘に住めるといいな」

課長の姿はすぐ消えてしまい、気がつくと彼は美人にかしずかれて、豪邸のベランダにいた。

「あなたは何がご所望ですか」と、大男は一人残った部長に聞いた。

部長はすまして言った。

「五分以内に二人をここへ連れ戻してくれたまえ。会議が待っている」

13. 人を馬鹿にするもんじゃない　—Don't fool of others.

西洋のジョークは面白い。茶化したり、意表を突いたり、傷つけないように非難したり、セクシーでクスリと感性をくすぐる。日本語のジョークと言えば、ほとんどが駄洒落の言葉遊びで、西洋のジョークとは本質的にタイプが異なる。その点、綾小路きみまろの漫談はちょっときついが西洋型のジョークといえるだろうか。

いろいろな国の人間が集まって食事を一緒にすると、必ずといってよいくらいジョーク合戦が始まる。特にイギリス人が入ると、これが強烈になる。打ち解けた雰囲気を醸成し、相手との距離を一気に縮める。国際的なビジネスの上ではジョークの一つや二つは知っておくことをお勧めしたい。

さて、三題噺も佳境に入った。今度はアホの三人は出てこない。

ここは太平洋路線の空の上。機内食が終わってくつろいでいると、隣に座っている生意気そうな若いアメリカ人とおぼしき男がニヤニヤしながら話しかけてきた。

What ese are you?（きみは何のイーズだい？）

What ese, did you say?（え、何のイーズと言いましたか？）

英語が聞き取れないと思って聞き返すと、またWhat ese are you?という。

黙って思案しているとなぜ分からないかというようにじれったそうに同じことを聞

く。

「何のイーズって……」と彼はすっかり戸惑ってしまった。

一生懸命質問の意味を考えたがさっぱり分からない。

(やっぱり僕のヒアリングがいけないんだ)と自己嫌悪になって黙っていると、相手はやっぱり日本人はしょうがないなという目つきで言った。

I mean if you are Chinese, Japanese or Vietnamese.

(君は中国人か日本人かベトム人かという意味だよ)

Oh, yah, I am a Japanese.(えっ、あ。に、日本人です)

そうは言ったものの馬鹿にされているのは明白だった。

その日本人はしばらく屈辱をこらえながら思案していたが、ニッと笑って隣のアメリカ人の肩をつついた。

By the way, which ee are you?(ところであなたは何のイーですか?)

彼は驚いたようにこちらを見てしばらく考えていたが、目を白黒させて返事が返ってこない。

日本人はじれったそうにもう一度言った。

「あなたは何のイーですか?」

Which ey(ee)?（何のイーって……）とアメリカ人は困ったように顔をしかめた。

Are you a donkey, monkey or Yankee?

「あなたロバですか、猿ですか、それともヤンキーですか？」

14. 世代を超えたおつきあい ―Association over generation.

香港は、僕が訪れた二九カ国の中で最も訪問回数の多い国である。一九九七年七月一日に中国の特別行政区になったが、その体制はほとんど変わっていない。

香港は狭いところに人口が集中していたり、交通機関が発達していたり、店やレストランがやたら多かったりして東京とよく似たところがある。そのせいか、香港人は東京がやたら好きだ。彼らに言わせれば、確かに東京は香港に似てはいるが、その中身が濃くていつも新鮮だという。

香港には僕の親しい友人が三人いるが、そのうちの一人、スタンリーは一年に二度は東京を訪ねる日本addict（中毒患者）である。最近では日本酒に凝りだして、池袋のサンシャインの利き酒のイベントに参加したり、居酒屋に入り浸って和食を楽しんだり、さらに守備範囲を広げているようだ。数年前は中国のお正月休みに東京からレンタカーで東北の宮城県まで来て、鬼頭スキー場で雪を楽しんでいった。奥さんと娘二人とフィリピン人のドライバーも同伴だから結構リッチだ。

彼とは、そもそも香港のアパレルの展示会で知り合いになった。その後独立して自分の会社を起こして成功しているが、香港に行くたびに彼が最近発見したというおいしいレストランや、僕の好きなRei U Mun（レイ・ユー・ムン）の海鮮料理屋に招待してくれ、香港を大いに楽しませてくれる。

数年前には、大晦日を翌日に控えた一二月三〇日、お正月を迎える準備に追われながら家族でコタツに当たって骨休めをしている時、なにやら窓の外に人影が映った。どこかで見た顔だと思ったが、しばらく誰か分からなかった。だが、それがスタンリーの奥さんのビンスだと分かった時はとても驚いた。こんな時期と場所にいるはずのない人が窓の外でニコニコして手を振っているのである。

やがて、彼女に続いてスタンリーと二人の娘も顔を出した。まさにビッグサプライズである。ビンスのアイデアで僕の孫の誕生祝いに連絡しないで出かけようということにしたらしい。長女のエリはイギリスの大学を卒業して香港に帰っているが、高校時代の夏休みは我が家に一カ月滞在した。その時、うちの娘が彼女の面倒を見た。

やっぱり女性の相手は女性でなくちゃ。

スタンリーの他に親しい友人が二人いる。もう一人の友人のマンさんとは、彼が独身時代からのおつきあいである。香港に行くたび、彼女とのデートにも誘われた。ランタオ・アイランドでデートにつきあった時、彼女にこっそり「齋藤さんはこの人をどう思う」と聞かれて、もちろん友人のことを悪く言うわけにはいかないので「とってもいい人だよ」と答えた。今では結婚して子供が二人いる。

彼らの結婚式に招待され、もうこれ以上食べられないというほどのごちそう攻めにあい、香港の披露宴のすごさにも驚かされた。食べても、食べても、おいしい中華料理が次から次へと運ばれてくる。驚愕すべきは招待客が事もなげにそれを平らげていることだった。

新婚旅行は日本の東北地方ということで、わが家に一泊してから岩手県の温泉へ。たまたま、露天風呂に入っている時に降った雪に感激して、彼らはすっかり温泉のとりこになった。その後十年近く経って彼の娘のパールとジェードが昨年の夏、わが家に二週間ほど宿泊した。これもわが娘の担当！

もう一人の友人はパトリック。マンさんの上司だった男だ。彼はダイアナという同じ職場の女性と結婚したが、残念ながら子供二人をもうけて離婚してしまった。香港で家族と一緒に会うことはできなくなってしまったが、とても残念なことだ。ダイアナも友人とわが家に来て鳴子のホテルに宿泊し、町の仲間とカラオケを楽しんだ。

彼らとおつきあいしてかなり長いが、まだ交友が途切れないで続いているのは彼らが僕の会社の株主だということにもある。アメリカ、イギリス、フランス、ドイツ、イタリア、スペイン、ギリシャ、台湾、インド、シンガポールとその他多くの国を商売を通していろいろな友人ができたが、だんだん疎遠になって今ではクリスマスカードの交換程度だ。

彼らとのおつきあいは第二世代に入った。今では娘夫婦が彼らとおつきあいをしている。あと一〇年もすれば孫のおつきあいになるかもしれない。僕の蒔《ま》いた種が、子供や孫に引き継がれていくのを見るのは実に楽しい。

15. 特殊な国日本 ―Special country, Japan.

日本はいろいろな意味で特殊だと言われる。

礼儀正しい。道路の清掃が行き届いて道がきれいだ。どんなに遅くなっても夜道は女性一人でも歩けるほど安全。人はみんな親切で心が温かい。財布を落としてもちゃんと交番に届いている。作るものは緻密で、みんな最高の品質だ、など、我々が当たり前だと思っていることが外国では特殊らしい。だがこれは、日本人にとっては当たり前のことなのだから、威張ってみてもしょうがない。

僕が海外に行って時々戸惑うのは、日本の発祥の歴史を説明できないことだ。コスモポリタンは自分の国を知ってこそコスモポリタンと言われるが、いざ日本の歴史に思いを馳せると、知らないことが多すぎることに気がつく。

中学校や高校で習った五世紀以前の日本の古代の歴史はあいまいで、系統だったものもなく、いったい国がいつ出来上がったのか明確な答えはない。何よりも驚かされるのは、紀元前三世紀のローマ帝国のように権勢と文化を誇った歴史が伝えられている国があるというのに、日本の実情を知らせる記録がないということだ。

最古の文献は七世紀の古事記及び日本書紀で、初めて文字による日本の発祥が書かれているが、それ以前は文字がなく、史実はアイヌ同様、口伝で代々伝えられてきたらしい。漢字が中国から入ったのは四世紀ごろと言われているが、それが大和言葉と言われる現日本語の原型に当てはめられ、初めて記録の形で後世に伝えられるようになった。紀元前三〇〇年から紀元後二五〇年ころまで続いた弥生時代から古事記が書かれるまで日本語がすでに形成され、コミュニケーションの手段として使われてきたにもかかわらず、文字は漢字の導入を待たなければならなかったということである。

それ以上に驚くのは、現在の日本語の基本はその時代にすでに出来上がっていたということである。日本語の母音を基本とする発音は隣接する中国語や韓国語と基本的に異なり、似ているものは借用した漢字くらいでしかない。

一説にロシアの中南部のアルタイ語に近いと言われ、マンモスを追ってシベリアから樺太を通って北海道に抜け、当時陸続きだった津軽海峡を経て日本列島に広がったと言われる弥生人がその基礎をつくったのかもしれない。アイヌとの関係はどうなのだろうか。縄文人との共生は可能だったのだろうか。他に文字は存在しなかったのだろうか。秦の始皇帝の追跡から逃れて日本に渡って来た徐福伝説の徐福や吉野ヶ里との関連は……などと考えだすときりがない。数百年にわたる日本国形成期の大きな渦に巻き込まれそうになる。

もう一つの不思議は、戦後の教育を受けた人間にとって、非常に重要なこの時代の説明が教科書でなされていないことである。古事記や日本書紀では紀元前六六〇年の神武天皇の即位から天皇の系譜が延々と語られているが、教科書ではそれをまったく肯定していない。

戦前は紀元二六〇〇年と、二月一一日神武天皇の即位をして紀元節とし、祝賀会が行われていたが、今は祝日のひとつとしてかすかに面影をとどめているに過ぎない。これは太平洋戦争の原因になったと考えられた天皇崇拝を恐れるアメリカの政策によるものと思われるが、出版社とそれを承認する文部科学省はタブーに触れるのを恐れているようにも思える。

確かに天照大神や天の岩戸、海彦、山彦、やまたのおろちなどの寓話は、子供に聞かせている分にはいいが、大人が真面目に信じるような話ではない。だが、だから信じないかというと話は別だ。『旧約聖書』のモーゼの「出エジプト記」の海が割れて脱出に成功する話やノアの方舟。『新約聖書』にしても、キリストがマリアの脇の下から生まれた話も『古事記』よりも荒唐無稽である。他国の国の成立の歴史なども似たようなものだ。つまり、歴史が古すぎて科学的な根拠が見つけられないのだ。要は信じるか、信じないかである。

韓国ウォーカーヒルの劇場でレビューを見る機会があった。歌や踊りが盛りだくさんだったが、驚いたのは踊りの背景にあった鳥居が日本のものとそっくりで、太鼓の模様に巴の紋を見つけて思わず目を疑った。これは古代に日本から伝わったものなのか、韓国からもたらされたものなのか、証明できるものはない。

それにしても、その時代も含めて、なぜ日本に文字が西暦三〇〇年ごろまで入ってこなかったのか不思議だ。あるいはアルタイ語の文字があったのに、長い年月の経過と共に何らかの理由で消滅してしまったのか？　ああ、何という壮大なロマンだろう。考えれば考えるほど興味は尽きない。

16．温泉で会ったフランス人 ―French met at the hot-spring.

出会いはまったく予期しないところから始まるものだ。

早春、僕はしばらくぶりに妻と温泉旅行としゃれた。また行ってみたいと思っていた山形県に近い宮城県の作並《さくなみ》温泉である。広瀬川の上流沿いに並ぶ、鎌倉時代に開かれた由緒ある温泉郷の一つだ。

僕は部屋で着替えを済ませる間もなく、温泉に走った。お湯の流れる音を聞きながら冷え切った体を熱いお湯に浸した。ほ～っ。何ともいえない快感である。温泉はやっぱり寒い時期に限る。

一息ついて辺りを見渡すと、ウイークデーのせいか、お風呂には数人しかいないが、お年寄りが多い。と思っていたら一人だけ形の違う男性がいた。外国人である。一生懸命体を洗っている。

白人であることには違いないが、アメリカ人かイギリス人かドイツ人かフランス人か分からない。年齢は二十代から三十代。もしかしたらオーストラリア人？　日曜日の旅館に宿泊している外国人だったら翌日学校があるからＡＬＴではなさそうだ。そうだとすれば観光客？　いろいろ想像をめぐらせたが分からない。

　僕は早速彼にアタックすることに決めた。彼が湯船につかるのを見計らって、早速Where are you from?（どちらからいらっしゃいましたか）と声を掛けた。堂々とである。このような時にコソコソと恥ずかしそうに接するのはよくない。I am from France.（フランスから来ました）と返事が返ってきた。

　え、フランス？　でも英語がうまい。僕は思わず僕の知っている数少ないフランス語でParlez-vous français?（フランス語を話しますか）と聞いてしまった。もちろんフランス人だからフランス語はできるのは当たり前だが、相手が何者かまだ分からないのだから彼の話せる言葉をしっかり認識しておく必要がある。場合によっては日本語が返ってくるかもしれないのだ。

　すると、この質問に対しフランス語が返ってくるかと思ったら、英語でOf course.ときた。これでこの男性は英語を常用していることがうかがえた。発音もフランス語なまりがあまりない。留学生ですかと聞くと思いもかけない言葉が返ってきた。

　彼は近々仙台で公演されるサーカス、oVo（オーヴォ）のメンバーの一員でコック長だという。僕は昔オーヴォは親元のCirque du soleil（シルク・ドゥ・ソレイユ）をラスベガスで見たことがあったので、とても親近感を覚えた。彼らの比類のない演出と演技力の高さは目を見張るものがあった。彼らはすでに福岡、大阪、名古屋、東京の公演が終わり、仙台が最終だという。

僕はこれを聞いてメラメラと好奇心が湧いた。聞きたいことが山ほどあった。

日本は初めてかとか、温泉が好きかとか、日本の食事はどうかとか、桜の花はどうだったとか、日本人をどう思うかとか、とか、とか、とか。通常であればこれほど質問すれば面倒くさそうな返事が返ってくるものだが、彼はあまりこのようなことは話す機会がなかったのか、堰を切ったような返事が返ってくる。

例えば、日本は初めてだが、街がこんなにきれいで親切な国民は見たことがないとか、温泉はこれで二度目だが、食事がおいしいし、浴衣がいい。一緒に来た妻もとても気に入っているとか、日本の調理法はフランス料理に比べてもレベルが高く、日本のレストランで食事をするととても勉強になるといった具合だ。

日本酒はどうかと聞いてみると、「大好き！」と返ってきた。ワインも好きだが、どの料理にも合うという点では日本酒がベストだろうと言う。彼はコックだから味覚も優れているだろうし、調理にもうるさいはずだ。そのような彼が手放しでほめるのだから悪い気はしない。納豆だって、と彼の方から外国人タブーの言葉が返ってきた。

「友達は皆ウエーと言うけど僕は大好きですよ。大根おろしやおしんこを入れるとなおおいしい」と言う。

さすが世界を股にかけるシルク・ドゥ・ソレイユのコック長！

日本食が世界的に有名になったのは、ミシュランのランク付けによるところが大きい。何しろ三つ星レストランはパリよりも東京の方が多いんだからパリのシェフが目を剝くのは当たり前だよね、と誇らしげに言う彼を見て、時代の変化と日本の偉大さを改めて感じ入った。

僕は湯船の縁に腰を下ろしていたが、彼は湯船に入りっぱなし。汗を拭きながらしゃべっていたが、外国人は一般に熱い風呂は苦手なので思わず心配してしまった。とにかく彼は日本びいき。日本の良さを話しはじめたら止まらなくなってしまいそうだ。

バイキングの夕食で一緒になったが、彼は一枚のメモを寄越すとオーヴォの券を用意するからこのメールアドレスに返信してくれという。果たして、無料なのか有料なのか分からないが、とてもうれしかった。

ところで、と僕は質問した。奥さんはブラジル人だというのが気になったからだ。

Which language do you use to communicate each other?（お互い話す時は何語を使っているのですか）

大体は英語かポルトガル語です。僕はブラジルに三年いましたから、ポルトガル語ができますが、彼女は今フランス語を勉強中ですとのこと。

英語ができるのできないのと大騒ぎしているのは日本だけのようですね。

やがて彼からメールが来て本格的なお誘いが来た。チケットは何枚ほしいかという。同居している娘夫婦と孫を含めて五枚頼むと簡単にOKと返って来た。一万五千円もするチケット四、五枚分はタダである。

我々一家はそんなわけでオーヴォを大いに楽しみ、僕は家族の尊敬をまたしても集めることになった。

その後我々は二人を我が家に招待し、妻の手づくりの料理を楽しんでもらった。

彼らは公演が終わったら生まれ故郷のスペインの国境に近いフランスの小さな町に帰るという。一つだけ残念だったのは彼の作る料理を食べることができなかったことだ。

姉妹都市編

1．ウイノナ Winona

海外は商売で行くものだと思っていたのに、こんな形で海外に行くことになるとは思ってもいなかった。しかも、アメリカとはいえ、ロサンゼルスやシカゴやニューヨークではなく、聞いたこともないミネソタ州のウイノナという人口三万人弱の小さな町である。

こんな町に縁ができたのは、ウイノナがわが町と姉妹都市関係にあるためである。町の有志で海外と交流しようと国際交流会を作り（会長：鎌田裕明氏）、まずアメリカで姉妹都市を見つけようと、前町長佐々木功悦氏が率先してその選択に当たった。

東北は宮城県の北部にあるわが美里町（注：二〇〇六年に合併によって小牛田町から美里町になる）にふさわしく、安全で、しかも活気のある町として名前が出てきたのがウイノナだった。前町長が飛んで現地を見てみると、ミシシッピー河畔の公園のように美しいところですっかり気に入ってしまった。しかもミネソタ州立大学の分校とセントメリー大学と、二つも大学がある。

　ミシシッピーを利用して切り出した材木の集積と搬出の町として栄えたが、現在は各種の新しい産業に代わり、その面影は博物館でしか見られない。提携先としては西海岸が最有力だったが、これという決め手はなく、前町長の勧めであっさりウイノナに決まった。


　とはいえ、相手がこちらの希望に応えてくれるかどうかまったく分からなかった。アメリカらしくKogota? Where?であっさり片づけられてはおしまいだった。ウイノナ市に出した手紙の返事を待ち焦がれたが、ほどなくして肯定的な返事が届いた。

　何よりもまずわが町を見てもらおうと市長を招待し、一九九八年二月、代わりに副市長エリック・ソレンセン氏と市会議員アル・サーリー氏が訪れた。町をあげての大歓迎会。もちろん経験からいってMCは僕だ！　彼らの帰国後、喜んでお受けしたいという返事が来たのはこれだけの歓迎を受ければ言うまでもないことだった。

　調印式はウイノナ市の市庁舎で行われた。わが町からは前町長はじめ町会議員、農協、商工会の有志が参加した。我々は大歓迎を受けて、ホームステイをし、大学や高校、そしてウイノナ・カヌーに代表される産業など市の代表的な施設を案内していただいた。昔ながらの外輪船でミシシッピーを航海したのはとてもすばらしい思い出になっている。

以後ウイノナ市とは毎年中学生と高校生の交換が続いている。日本側はアメリカへのアンバサダーの選択のために希望者を募り、審査員はＡＬＴを中心にした英会話コンテストで選ばれた二〇人が毎年派遣され（旅費は町が一部負担）、アメリカでも面接で選ばれた生徒が日本に派遣されてくる。

お互い、訪問した印象の強烈さは想像以上で、中高生は生のアメリカ生活に刺激を受け、アメリカ人は日本の食事や不思議な文化と人情に例外なく感激して帰るようである。一週間のホームステイが終わって帰国する時、美里にもウイノナにも雨が降る。ホームステイ先の両親や友人と抱き合い、別れを惜しんで大泣きだ。日本人はウエットだから泣いてもおかしくないと思っていたが、アメリカ人も一緒だということが分かった。

美里町交流協会（ＭＩＦＡ）は一九九六年設立になるが、最初訪米したアンバサダーはすでに三〇代になる。以後高校を卒業してからウイノナ州立大学に留学して、そのままアメリカで就職する者、英会話学校に就職してイギリス人と結婚する者、英語の先生になる者など、このウイノナ派遣の影響は少なくない。

僕もウイノナのたくさんの人と交流ができたが、二〇年も続いてみると、交流は中高生の若さが最大のかなめだということが分かる。未知の者に対する好奇心、あこがれ、新しい友情、言葉に対する重要性と面白さの認識など、若さの特権だ。毎年交換する若者たちは異なった世界を実体験し、それは彼らの生きていく上の刺激と興味を掻き立て、そしてそのエネルギーは毎年別のメンバーに引き継がれていく。

若いうちに別の国を知り、友達ができることは、彼らの将来に無限の希望をもたらすに違いない。

2. アメリカの新聞に載ったぞ！ —Contribution to the American paper.

その話が来たのは初めてのホームステイ先のジェーンからだった。彼女にはウイノナに行くたびお世話になり、夫婦で日本に来て、わが家にも泊まったことがある。「ウイノナに新聞社があるけど、原稿を書いてみない？　テーマはおまかせするから、思いっきり書いてみてよ。あなたなら絶対できるわ」と言う。

ウイノナの新聞？　英語で？　自分が英語で書いた文章がアメリカの新聞に載ると考えただけで胸が躍ったが僕の英語がどれだけ通じるのか心配だった。

テーマは国際交流の話か日本の紹介か、ウイノナの印象か、それとも……。いろいろ悩んだ結果わが町の紹介と国際交流に対する期待をメインに据え、今度中高生が行くので街で見かけたら手を振ってほしいと結んだ。やっと書き上げてメールでジェーンに原稿を送ったが、良いとも悪いとも、いつ載せるともまったく反応がない。

「文法的におかしいところや表現で分からないところはない？」

とジェーンに聞いてみるがNo problem. Perfect.という返事だった。「本当かな？」と心配は尽きない。

やがて一カ月、英会話コンテストに合格した美里町の中高生とウイノナ訪問の時期が来た。現地で不安と期待に胸を躍らせてジェーンに会ったが、まだ新聞社からは返事がないという。英語はそれなりに自信があったが、それはビジネス英語で鍛えた作文であり、一般のアメリカ人に読ませるようなものじゃないと思うとしょせん無理な話だったんだとあきらめの気持ちが湧いて来た。

「そうだよな、僕の作文がアメリカの新聞に載るなんて一〇年早いよな」と僕は完全にあきらめていた。

ジェーンは「ともかく行ってみましょう。この前編集長に会ったら、あなたを連れて来てほしいって言ってたわよ」

と僕の心境と無関係な快活さで言った。

「だめだ、こりゃ」

僕は編集長に、かくかくしかじかで採用を見合わせたので悪しからずというお断りをされると予想していた。覚悟はできていたのである。

地方紙らしいこぢんまりした社屋に入り、編集長のフラン・エドストロムさんに紹介された。ちょっと神経質そうな女学校の校長先生のような女性だった。挨拶すると、早速社内を案内してくれた。

「ここが編集室、ここが印刷室、ここが資材置き場」と部屋を回り終わると「ちょっと、写真を撮るから」と言って僕をとどめた。

Picture, for what?（写真、何のため？）

僕は原稿を採用しないのになぜ写真を撮るのか分からなかったが、恐らく僕の会社訪問の記念のためだろうと思って納得してポーズを取った。

そろそろおいとましようとジェーンと外に出かかって、「ああこれで万事休す」と思った時、フランが見せたいものがあるという。何だろうと持ってきたものを手に取ってみると新聞の試し刷りだった。なんとそれは、つい先ほど撮った写真が入った僕の作品ではないか！　僕は信じられずに息をのんだ。

「彼らはやってくれてたんだ！」

僕は小躍りしたい気分だった。

ジェーンを睨むと“Surprise”と言ってニッと笑った。

その新聞は翌朝ホテルに届いていた。無料新聞なのでたくさん置いてある。一部を引き出してページを開いてみると、あった。僕がすまして新聞に載っている。

なんて大きな写真だろう。ここまででかくしなくてもいいのにというサイズだったが、ジェーンに聞くとこれは普通だという。僕は近くを通った同行の中学生を捕まえて、これは僕が書いた記事だよ、と言って見せたが、彼女は外で待っているホームステイ先のペアレントを気にして「ああ、そうですか」と言って走り去ってしまった。

僕は懲りずに同行したＭＩＦＡのメンバーに見せたが、彼は英語がまったく音痴で「へェー」と言ったきり記事を読んではくれなかった。

その後、フランに頼まれて、今度は日本の大まかな歴史や、温泉の話など何度か投稿した。

また頼んでくるということは前回の評判が悪くなかった証拠だと思ったが、記事にまつわる評判はその後ウイノナから来た中学生からも大人からも聞いたことがなかった。その新聞を誰も読んでいないのか、ウイノナの人たちはその内容に興味がないのか、僕の英語が読むに堪えないのか、いまだに理由が分からない。

3. アメリカで司会 ― Master of the ceremony in America.

「ウイノナの皆さん。そしてウイノナの空と、空気と、森と、猫に、鳥に、こんにちは。私たちは皆さんの姉妹都市である、日本の美里町からやってきました。今日これから演奏するのは和太鼓の駒の会の皆さんです。今日の演奏のために一生懸命練習をしました。さあ、これから日本の文化をたっぷりお楽しみください。まず最初は……」

とウイノナの聴衆を前にして屋外のステージに上って司会を始めた僕。五〇〇～六〇〇人はいるだろうか、みんな真剣にこちらを見ている。ここGrand Excursion（グランド・エクスカーション）はミシシッピー川に架けた橋が開通し、東と西の鉄道がつながって二〇〇〇年の記念日を祝うイベントの屋外ステージである。アドリブとは言え、思わず空と、空気にも挨拶したくなる心地よさだ。

アメリカ訪問の一カ月ほど前に和太鼓のグループの「駒の会」の会長が僕のところを訪れた。太鼓の演奏をするにあたって司会をするので、曲の内容を英語に訳してほしいという。原稿を見ると幽玄やら、荘厳やら、勇壮やら、黎明やら難しい日本語がびっしり。英語に自信のないという彼が言いやすく、かつアメリカ人にも分かるように数日かけてやっと原稿が出来上がった。

ところが、ウイノナに着いてイベントが始まるという前日、彼がホテルの部屋にやってきて一生懸命練習してみたが、とてもできそうにないという。そんなわけで、まったく予定していない僕がピンチヒッターとして司会をやることになってしまった。

イベントはかなり大がかりなもので、数百キロ離れた街から繰り出した幌馬車隊が市内を練り歩き、開拓時代の衣装を着た男女が街をそぞろ歩く。まるで開拓時代のアメリカにワープしたようだ。そして、屋外劇場。ここではミネアポリスや地元のミュージシャンが歌を歌い、楽器を演奏するとても華やいだ雰囲気の場所だ。すぐ横にアメリカ最長の川、ミシシッピーが流れ、船外に水かきを付けたSteam Boat（外輪船）が停泊している。

歴史的に由緒のあるイベントということで、わが街の姉妹都市であるウイノナが駒の会を招待してくれることになったが、実現するまでには紆余曲折があった。

まず重くて大きい太鼓の運送はどうするか。駒の会は愛好会とはいえ国際的で、アメリカの西海岸の都市に招かれたこともあり、海外での演奏は経験していた。その時は現地の日本人会から太鼓を借りることができて問題なかったが、今回は日本人の少ないミネソタ州だ。

小さな太鼓はそれほどでもないが、二十名近くになる会員の飛行機代でさえもやっとの思いで工面しているのに、大太鼓を飛行機で運ぶと結構な費用になる。

あきらめかけていた時、前回のホームステイでお世話になったジェーンがミネアポリスの和太鼓の愛好会を見つけてくれた。同好のよしみですぐに貸してくれると思ったが、アマチュアに貸すのは心配だが、自分たちも参加できるなら、という条件付きで可能になった。彼らは和太鼓のプロで、アメリカ中を公演して歩いているという。つまりプロなのだ。

ジェーンは心配して、「駒の会はそれでいいか」と問い合わせてきたが、彼らは大歓迎。「一緒にやれば楽しいんじゃないの！」

これで期せずしてウイノナで和太鼓の日米共演ということになった。ちなみに駒の会はプロではない。町の神社の奉納のために愛好者を集めて作ったアマチュア集団で、演奏者は学生だったり、幼稚園の先生だったり、農協の職員である。だがうまい！

プログラムはデキシーランドジャズから始まって合唱やダンス、そしていよいよ駒の会の登場！　吾輩の軽妙な司会（!?）のあとに七人から一〇人編成の演奏がシリーズで始まった。

何しろ主なメンバーは、大太鼓は別にして高校生を含むはちきれんばかりの若い男女。静かな曲から始まって、次第にエネルギーの爆発。最後は割れんばかりの拍手とスタンディングオベーションまで出た。

イベントの責任者で市会議員のティムが僕のもとに駆けつけてきて、「齋藤さん、やったね！」と感激して二人で抱き合った。

一方、その後に演奏したミネアポリスのグループは意外なことにアメリカ人が中心で、主なメンバーは中年男性。曲想は地味で暗く、何やら雨が降っているような印象。「ウーン、これが本当の和太鼓なのかもね」と妙に感心してしまった。

彼らは駒の会をアマチュアと言って馬鹿にしていた様子だったが、圧倒的に駒の会の勝ち。彼らはイベントが終わってから駒の会会長のところにやってきて、「あなたたちの演奏はすばらしい。とても勉強になりました」と言ったとのことである。こんな場面に接することができて、まさに司会冥利ということか！

4．こんな人たちもいたんだ ―There's such people in the world!

世界にはこんな人たちもいるという意味において、極北に住むエスキモーやケニアのマサイ、インドネシアの先住民など、テレビでひととおり紹介されて、僕から見て、珍しいと感じる民族は少なくなった。だが、アメリカにもこんな人たちがいることを知って驚いた。

ウイノナ訪問の三日目、歓迎会や市庁舎や中高校訪問のメインイベントも終わって、市では車を仕立ててくれてお隣のウィスコンシン州へオプショナルツアーとしゃれた。ミシシッピーの橋を渡って走ること三〇～四〇分、ワイルドな木立の中に粗末な家々が見えてきた。

「あまり大きな声を出さないでくださいよ」というガイド役の男性に促されながら、恐る恐る家の中を覗いてみた。やさしそうな女性がニコニコしながらHello, please come in.と我々を迎え入れてくれた。

なんという粗末な造り、そして質素な調度。壁は貧弱な板張りで、まるで納屋を改造したような家だ。写真を撮ってはいけないので、記憶にとどめるしかなかったが、電気もなければ電話などの通信機器もない。アメリカの一般の家に比べたらまるで見劣りする。失礼になるような気がして、何も聞けなかったが、もしできたら聞いてみたかった。

「この生活は快適ですか」

「冬は寒くありませんか」

「生計はどのようにして立てているのですか」

それ以上に、

「どうしてこんな生活をしているのですか」

彼らはアーミッシュというキリスト教プロテスタントの一派の人たちだ。移民当時の生活様式を守るために電気を使用せず、原則として現代技術による機器を導入することを拒み、近代以前と同様の生活様式を基本に農耕や牧畜を行い、自給自足の生活を営んでいる。

だが、彼らは現代文明を完全に否定しているわけではなく、自らのアイデンティティーを喪失しないよう、慎重に検討した上で必要なものだけを導入している。これらは全て我々日本人が昔に失ったものばかりではないか！

彼らは一六歳になると一度アーミッシュの戒律から解放され、世俗的な生活を経験するが、以後アーミッシュであり続けるか、世俗の生活を取るかの選択を迫られると、ほとんどがアーミッシュに留まることを選ぶと言われる。効率的、便利、簡単、心地よさを追求し続ける我々にとって、まさしく現代の奇跡としか言いようがない。恐らく世界中の人たちがみんなアーミッシュのようだったら、世界はもっと平和で住み心地が良いに違いない。

アーミッシュはハリソン・フォードが刑事役で主演した『刑事ジョン・ブック　目

撃者』という映画で見た人も多いだろう。主演女優の清楚で透き通るような美しさに心を奪われたのは僕だけではないと思う。

アーミッシュの集落を帰る道すがら、道端で馬車が停まっているのを見た。馬が近くの木につながれ、のんびりと草を食んでいる。どうやら道行く人に何かを売っているらしい。近寄って覗いてみると長い髭を生やした男性が、自分で栽培したと思われる野菜を売っている。人もほとんど通らない場所だからポツン、ポツンと思い出したようにしか売れないと思われる。馬車の荷台には何となく貧弱なニンジンやジャガイモなど頼りなさそうな野菜ばかりだが、聞くところによると完全無農薬なのでマニアには高値で売れているらしい。

のんびり草を食む馬。粗末な馬車の横でのんびり客を待つ男性。そよ吹く風。

ああ、ここは平和だな～。

5．分からない単語が出てくるとパニックに ―Panicked by unknown words.

ＭＣ（Master of the Ceremony）は責任重大だ。何百人の聴衆を前にしてイベントの司会をしなければならない。決して文字通りマスターではないが、イベントの出来不出来を大きく左右する。

それだけならまだいいが、それにトランスレーションがついてくると、責任はいっそう重大になる。スピーカー（講演者）が原稿でも用意していてくれればいいが、それがない時はぶっつけ本番である。事前に話の内容が分からない場合は海図なしで海に漕ぎ出る小舟のようなものだ。

冷や汗を流しながらスピーカーの話したことを記憶して、ワンフレーズ終わったところで翻訳して話す。どう訳そうか、どんな表現にしようか、分かりやすい言葉は何だろうかなどとのんびり考えている暇はまったくない。つまずいたりするとスピーカーは終わったものとして次のフレーズをしゃべりだしている。

スピーカーも大聴衆を前にして必死だ。トランスレーションがうまくいっているかどうかなど気を遣っている暇がない。自分が英語で話すだけでも十分大変だというのに、ネイティブスピーカーが話す言葉を翻訳し、しかもそれを大衆の前でしゃべらなければならないのだ。こうなるとMCは「心臓」と「ごまかし」だ。もし分からない単語が出てきたら、それをどううまくごまかすかで能力が問われることになる。

「ギョエ、何だこの単語は!?　学校のことをしゃべっているから、こんなとこか」とか、

「うわ、今何て言ったんだ、よく聞き取れん。この地方の天気のことをしゃべっているからそんなとこか」などとうまくごまかせれば上出来である。

これが国際会議だったら大変なことになるだろう。interpreter（通訳）が間違えたために両国の関係が冷え込んだり、大変な不利益をもたらすことにもなるのだ。その点、民間の親善や友好を対象としたおつきあいは気が楽なものだ。少々とちったり、間違えたりしても大勢にまったく影響がない。それどころが、本人はすごいミスをしたと思っているのに、聞いているほうは感心して聞いているという塩梅だ。

だが、通訳をやっていて何度かパニックに陥ったことがある。一度は姉妹都市のウイノナを訪問の際、バッファローを飼育している牧場を訪れた時のことだ。今では珍しくなったあの猛々しいバッファローを見られるというので、中高生と同伴者の約四

十人のグループで案内されるままにメインホールに入った。そこで女性の経営者が説明を始めようとするとホームステイ先のジェーンが「ちょっと待って」と言って遮った。

「齋藤さんに訳してもらいましょう」

僕はニンマリしてうなずいたが、経営者が説明を始めると話し方が速いためか、ほとんど聞き取れない。

「皆さん今日はXXX牧場へようこそ。バッファローはバイソンとも呼ばれていて……」

そこまでは良かったが、分からない単語が二つ三つ続くと、その後はまったく聞き取れなくなってしまった。

「なんだこれは。なぜ意味が出てこない」

僕はすっかりパニックに陥り頭の中が真っ白になってしまった。

しばしサイレンス……。彼女は待ちきれなくなったのか、トランスレーターが頼りないと見たのか、どんどん先に進んでいってしまった。

「ああ、僕の英語は駄目だ」と思った数多い！瞬間の一つだった。

同行した高校の英語の先生が後で、「こう、こう言ってましたよね」と内容を説明してくれたが、ジェーンは彼女に通訳を指名すべきだったと悔やんだ。聞いてみると簡単な内容なのである。

単語が一つ分からなかっただけで、翻訳についていけなくなることがあるが、よく考えてみると、それは集中力を欠いていたためだということが分かる。つまり、ワンフレーズが完結してから頭の中で序列を入れ替えて日本語にするという過程で言葉の一部を記憶しそこなったり、文章として完結しなかったり、自分の意見がまとまらなかったりして全体がぼやけてしまうのだ。

時差や睡眠不足、体調不良や心配事がある時は自分の意識がぼやけていたり、思考に集中できないことがままある。したがって、もしあなたにこのような症状が出た場合はあわてずに「ああ、今日は体調が悪いんだな」と割り切ればよい。

でもぶっつけ本番でMCをやるのは本当にしんどい。少なくとも事前に予備知識くらいは持っておきたいところだ。

ユダヤ人編

1. ユダヤ人とは—What is Jew

シェークスピアの『ベニスの商人』ですっかり悪名をはせてしまったが、ユダヤ人とは何かという定義については意外に知られていない。ヒットラーはユダヤ人種を抹殺するために、ホロコーストと呼ばれる大虐殺を行った。

外国と商売する上で、ユダヤ人は避けて通れない。僕の取引先であるアメリカはもとより、イギリス、フランス、イタリアで出会ったお客様はユダヤ人だった。

何とかバーグや何とかシュタインは全てユダヤ系の名前だが、初めはそれが分からず、アメリカから来ればアメリカ人だと思っていた。そのうち「この人いちきゅうさんだよ、気をつけなよ」と警告する輩がいた。1＋9＝10すなわちジュー（ユダヤ人の蔑称）だというのだ。日本人がジャップと呼ばれるのと同じだ。

ただJewとはあとで調べてみると単に「ユダヤ人」というだけで蔑視の意味はな

いことがわかったが、アメリカに長くいた友人によればユダヤ人自身がそういう意味で使うことがあるから気を付けた方が良いとのことだった。

先入観とは恐ろしいもので、それ以来僕はユダヤ人は狡くて抜け目がなく、ケチで根性が曲がっている人種だと思ってできるだけ避けるようにしてきた。ところが有力なバイヤーはほとんどがユダヤ人で、彼らを避けては商売ができないことが分かってきた。

用心しながらつきあっていくうちに、確かに彼らは商売がうまいし抜け目はないが、非常に努力家で、しかも人情家であることが分かった。イギリスのマルセル・グロスマン氏やイタリアのグイド・ラッカ氏などは今ではベストフレンドの一人である。

商売では政治と宗教の話題はタブーだと言われる。ちょっと気を許して宗教の話をすると、感情剝き出しの論議になって商売どころではなくなってしまうことがある。そのようなわけで、僕はユダヤ人と宗教の話は極力避けてきたが、日本を熟知したグロスマン氏とはきわどい線まで話ができるようになった。

「ユダヤ人とはそもそも何ですか？」という僕の問いに彼はこう答えた。

「ユダヤ教を信じる人です。人種ではありません。だから齋藤さん、あなたもユダヤ教を信じシナゴーグ（ユダヤ教会）に通えばユダヤ人になれますよ」

この返答には驚いたが、彼は次のような例を話してくれた。イスラエルが一九四八年に独立して世界中からユダヤ人を受け入れた時、なんとアフリカ系の人たちがぞくぞくと入国してきた。これは国論を二分するほどの大騒ぎになり、改めていったいユダヤ人とは何かという大論議になった。結局は人種ではなくユダヤ教を信じる者だということに落ち着いて、彼らの入国は許された。

このことはユダヤ教徒からキリスト教徒に改宗することもできることを意味している。事実、歴史上有名な人たちが改宗している。

グロスマン氏は豚肉を食べないが、僕はトンカツが好きなのでユダヤ人にはなれそうもない。そういえば僕の会社で雇った前出のジェフ・キャスタラインもユダヤ人だった。だが彼はカツ丼が大好きだし、教会にも行っていない。だからジェフの親がユダヤ人でも、彼がそうであるかどうかは疑わしい。彼に「真実のところはどうなんだ」と問い詰めても、肩をすくめてカツ丼をうまそうに食べている。

それにしても、アインシュタインやスピルバーグ、それに原爆を作ったオッペンハイマー、世界的に著名な指揮者レナード・バーンスタイン、ミュージシャンのベニー・グッドマンなど、著名なユダヤ人の名は世界中で輝いている。アメリカの金融業界を牛耳っているのもユダヤ人だし、六〇〇万人のユダヤ系アメリカ人の人口を抱えるアメリカの大統領は、常に彼らの動向を気にしながら舵取りをしている。今後も我々はユダヤ人を抜きにして、世界を語れないだろう。

2. ユダヤ人嫌い ―Hate Jew.

「あいつはユダヤ人が大嫌いでね、ユダヤ人だと分かると鼻もひっかけないよ」とトニーが言った。

あいつとはトニーの会社のエンジニアで、何となく堅物そうな男である。こんな会話が交わされたのはオーストラリアの客先を訪れて、昼食後のコーヒーを飲みながら雑談している時だった。トニーはオーストラリアのバイヤーで、風貌といい性格といい、いかにもユダヤ人のようだったが、れっきとしたイギリス系白人である。

「オーストラリアにもユダヤ人がいるんですね」とちょっと危険そうな会話を避けるために僕は言った。

「そうですか？　僕にはユダヤ人は特に変な人種だとは思えませんがね」などとはおくびにも出さない。

「まあ、アメリカやイギリスほどじゃないけど、シドニーにも結構住んでるよ。あいつは本当にユダヤ人が嫌いなんだな。ユダヤ人の子供がバス停に並んでいただけでわざわざ遠回りをして会社に来るほどだ」

トニーは嵩にかかって言った。

「彼はなぜ、そんなにユダヤ人が嫌いなんですか」と僕はぎりぎりのところで質問した。トニーの答えは簡単。「よく知らん。小さい時、何かあったんじゃないの」


今度はアメリカであった話。展示会で会った客にパーティーに来ないかという招待を受けた。そもそもパーティーに誘われるというのは、わが社の商品を購入したいという意思表示でもあるからとても重要な機会だ。

僕は英語のトランスレーションの助手としてアメリカに同行していたジェフを連れていった。暇そうにしていたので来るかと言ったら、二つ返事でついてきた。彼らの借り切ったしゃれたコテージ風の部屋に並んだごちそうをいただきながら世間話をしていたら、突然お呼びがかかった。

「いよいよ商談か」とほくそ笑んだが通された部屋には五～六人のしかめ面をした偉そうな連中が並んでいた。「どうぞ」と勧められた椅子は、彼らに囲まれるようにぽつんと置かれていた。まさかとは思ったが、まるで尋問席に座らせられた犯罪者の心境だ。

　彼らの質問はジェフの存在に対するものだった。

「ジェフはユダヤ人だね」

「そうです」

「あなたとはどういう関係？」

「単なる使用人です」

「アメリカに支店はあるの」

「ジェフの父親がマイアミにいますが、彼がわが社の販売の一部を手伝っています」

　それから続くこと一〇分。商売どころかジェフに関する質問ばかりで、僕もいささか腹が立ってきた。何やら部屋の空気がピリピリしていて、あまり感じの良いものではない。

「こんなことばかり聞いて気を悪くすると困るが、実は我々はあまりユダヤ人を信用していない。あなたと商売をするに当たって、彼らがコミッションを要求しないかどうかが心配なんだ」

僕はジェフは単なる使用人で、彼の父親は我々が今取引しているアメリカの会社のサポート役にすぎないのでコミッションなどはまったく心配いらない。だから我々と安心して商売をやってほしいと訴えた。

このような尋問にあって非常に不愉快な思いをしたが、やっと彼らの顔に笑顔が戻って、僕は彼らの誤解が解けたことを確信した。

だが、それは甘かった。日本に帰ってから彼らとの音信は次第に疎遠になり、成約はならなかった。のちに聞くと、彼らの商売は我々の競争会社が取ったことを知った。

僕には人種や宗教によって人を嫌悪したり差別することは考えられないので、このような人たちを目の当たりにして人の世の難しさを知った。

彼らは恐らく小さいころのユダヤ系の友人がたまたま悪だったり、おつきあいして不利益をもたらした会社がユダヤ系だったのだろう。もしこれが日本人だったら、一人悪いやつがいると日本人全体が嫌になるというようなものだ。どこの国にも悪いやつはいるものである。

3. スティーブ・ウィン —Steve Wynn

立志伝中の人である。八十歳近くにはなるがお元気だ。ユダヤ人の彼はラスベガスのダウンタウンにゴールデン・ナゲットというホテル／カジノを造って大成功し、以後、デューンズやトレジャー・アイランド、ミラージュ、ベラージオと次々とホテルを造り、以後何を思ったかこれらの資産を全てＭＧＭに売却し、マカオにウィン・マカオを新設した。海賊船や火山噴火、噴水などの斬新でアッと驚く奇抜な仕掛けで話題をさらった。

これもどんな機会か、僕の上司が例のずうずうしさで知り合いになり、おつきあいをするようになったらしい。恐らく上司がミラージュに泊まっている時にバカラで大勝し、面白い日本人だということで、パーティーに招待され、お近づきになったのではないかと想像している。

上司とマカオを訪れた時、たまたまスティーブ・ウィンがホテルの中を数人のスタッフとチェック中で、久しぶりの再会となった。

彼のホテルの造作に対するこだわりはまともではない。対象物に対する彼のイメージは、数十人のデザイナーによって徹底的に研究されたあと、設計される。彼のコンセプトが忠実に実行されているか入念にチェックする。盲導犬を連れて歩くか秘書が同行しないと歩けないほど目が悪く、視覚で対象をとらえることはできないはずなのだが、恐らく秘書の詳しい説明や外部の評判を聞いて出来栄えの判断にしていると思われる。

ミリオネーアではなくビリオネーアである。いくらお金を持っているか分からない。有数のピカソのコレクターで、代表的な作品はほとんど持っていると言われている。

上司のお供で彼のラスベガスの家でお会いした時は、自家用機ですぐにマカオに飛ばなければならないということで、すぐにおいとましたが、物腰の柔らかい理知的な人柄は、人を魅了するものがあった。

世界を歩いていると彼のような「超」がつくお金持ちと会うことがある。それぞれ業界で成功し、巨万の富を得た人々だ。大邸宅に住み、プライベートジェットで世界を駆けめぐり、自分の理想と欲求を満たすためのエネルギーはとどまることを知らない。

いったいこのような人たちは我々と何が違うのだろう。単に運が良いというだけではないだろう。頭脳？　探究心？　努力？　金銭欲？　名誉欲？　前述のように彼もユダヤ人である。確かに彼らは頭が良い。おまけに人一倍の努力家である。

4．グイドと老貴婦人の話 ―Guido and the story about the old lady.

グイド・ラッカ氏はユダヤ系イタリア人であり、わが社の重要なお客様だった。ユダヤ人は世界中いたるところにいるが、その中でも、「ユダヤ系イタリア人のコンビネーションは一番相性が悪い」と言われる。確かにイタリア系の女好きでちょっとちゃらんぽらんなキャラがユダヤ人の印象とは合わない。とはいえ、彼は実際そうなのだから仕方がない。

彼はもりもりした筋肉質の体をしていて、髭剃りあとも濃く、ちぢれた髪の毛をしている。強引で押しが強く、目をギョロギョロさせながら、よくジョークを言って笑わせる。その中の印象に残っているものを一つ。

　大西洋路線の飛行機のファーストクラスのシートに気品のある老夫人が座っていた。何やら思いつめた様子が気になって、チーフアテンダントが時々声を掛けた。

「ご気分はいかがですか？」

「ええ、大丈夫です。ご心配なく」

　アテンダントは彼女がＶＩＰだったので丁重に扱うよう上から指示を受けていた。時々ハンカチで目頭を押さえる姿にまた声を掛けた。

「何かご心配事がおありですか。お役に立てることがあればご遠慮なくおっしゃってください」

「ええ、私の犬が一緒なものですから、そのことが気になって」

「え、犬が？　ああ、この飛行機にお預けになったのですね。そのことでしたらご心配なく。次の空港で調べてみましょう」

　パーサーは得たりとばかりに機長に連絡をし、次の中継点で会社のスタッフに犬をチェックするよう指示を出した。

航空会社の職員は飛行機が着くや否やケージを開け、老貴婦人の犬を調べると、驚いたことにその犬はぐったりして息がなかった。治療するにも死んでしまっていたのである。担当者はすっかり仰天して部下に特別な指示を出した。航空会社はＶＩＰのお客様の愛犬を死なせるという不手際で貴婦人の信用をなくすことが何よりも心配だった。

やがて数時間。予定よりも遅れて飛行機は最終目的地に向かって出発した。パーサーは脂汗を拭きながら、老婦人に声を掛けた。

「マダム、ご心配なく。奥様の犬は大丈夫です」

「あら、ありがとう」

飛行機がロンドンに着いて、犬が老婦人に渡された。だが、老婦人はその犬を見るなり、即座に言った。

「あら、この犬は私のじゃないわ」

担当者は驚いて言った。

「でも、種類も、色も、大きさも一緒ですよ」

だが、老婦人はなおも言いつのった。

「いいえ、これは私の犬じゃありません」

担当者は「やはりごまかしは利かなかったか」と落胆して老婦人に聞いた。

「どうしてあなたの犬でないと分かるのですか」

「だって、私の犬は初めから死んでいたんですもの」

グイドはその話が終わるとおかしくてたまらないというように、あふれ出る涙をハンカチで拭きながら笑い、「死んだ犬を見つけた担当者の驚きようはどうだったろう」と言ってまた笑った。僕もなんだかおかしくなって一緒に笑った。正直、ストーリーがおかしかったのか、彼の笑っている姿がおかしくて笑ったのかよく分からない。

彼はその後アメリカのカンザスシティーにある大手のミドランドという会社を買収し、マイアミのプール付きの豪邸に住んでいる。

アメリカ編

1．カジノだぞ～ ―Wow, it's Casino!

初めてラスベガスに行った時は、そのスケールと活気にすっかり圧倒されてしまった。四〇〇〇室以上の大規模ホテルがラスベガスブールバードに並び、二四時間休みなしの不夜城である。

ヨーロッパを経て、大西洋を渡り、カナダのモントリオールからアメリカのロサンゼルスに入って四、五日目。明後日はやっと日本という安心感から、同僚とせっかくだからラスベガスを覗いていこうということになった。

見るもの、聞くものが珍しく、恐る恐るスロットマシーンにへばりつき、ブラックジャックに挑戦した。もちろん勝てるわけがなく、雰囲気を味わっただけ。それでも映画で見るスロットマシーンやカードに触ってみて大いに興奮した。

だがそれ以来、どんな因果か、マージャンやパチンコしか縁がなく、しかもまったくバク才に恵まれない僕のラスベガス詣《もう》では五十回近くにもなった。

僕の目的はギャンブルではなく、ＣＥＳ（コンシューマー・エレクトロニクスショー）という世界でも最大級と言われる展示会だった。この展示会は電気業界に属するものとして、世界の動向を眺め、世界中のバイヤーと商談をするためには欠かせないものだ。年に一回一月の初旬に開かれるので、五十回と言えば五十年も行ったことになるが、それは違う。勤めていた会社の社長がギャンブル好きで、そのお供で訪米の際に毎年二回から三回は必ず寄ることになったためである。

社長はアメリカでも名うてのギャンブラーだった。一〇〇〇万円以上プレーすると言われるハイローラーの一人だ。それは、僕がカジノのマネージャーから頼まれてバカラのルールの通訳を手伝ってから始まった。それまでは、クラップスやブラックジャックでちまちまとやっていたらしい。その後、彼はバカラで大いに儲けて、ラスベガスに家を買ってしまった。まさに一攫千金である。僕も時々一緒にゲームに加わったが、サイコロの丁か半かをカードでやるようなもので、まさしく勘とツキだけが頼りでまったく勝つ気がしない。一回の賭け金の最低が二五ドル（三〇〇〇円弱）なので、負けがちょっと続いただけで、五万円程度のお小遣いがすぐになくなってしまう。

ハイローラー待遇になるとホテルの接待がまったく違う。プールやサウナ付きの一泊三十万円はするスイートやペントハウスが無料になり、食事は一流のフレンチにせよイタリアンにせよ、中華にせよ日本料理にせよどれだけ食べても無料である。ロサンゼルス空港までホテルのプライベートジェットで迎え、マッカラン空港に着けば、街の中の移動はダックスフンドのように胴のなが～いリムジン。おまけにシルク・ドゥ・ソレイユ、ジークフライド&ロイなどの有名なショーは無料で招待され、時にはボクシングの世界チャンピオンシップのチケットまで手配してくれる。

同行者の僕にもまったく同じ待遇をしてくれるので、大いに楽しませてもらった。だが、これはカジノの勝者に与えられる特権で、敗者には何百万円、いや何億円すってもお茶一杯出ない。

こんなわけで、僕はその後も社長と韓国のウオーカーヒルやマカオにおつきあいした。いつも信じられないほどツキがあって、負けたのを見たことがない。

日本もついにＩＲ法案が可決されたが、賛否両論である。マカオやシンガポールの隆盛を見ると確かに経済的には超魅力的なプロジェクトだが、その陰の部分も見逃してはいけないだろう。

このエッセイはカジノの功罪を問うものではないので、さらなる言及は避けるが、経験者として一言。もし、ギャンブルをやるとすれば、ブラックジャックやポーカーがベター。スロットマシーンは時間つぶしにはいいがカジノの集金マシーンであり、バカラやルーレットは大負けに注意。出かける前に賭け金を決めておき、上限になったら、キッパリやめること。これ、経験者の貴重なアドバイス!!

2. ポール・アンカ ― Paul Anka

僕は映画俳優や歌手や一流のスポーツ選手などの著名人と会うことにまったく興味がない。これは僕が地方出身者で、そのような人たちに会う可能性が非常に少ないことと、同じ人間でどこが違うという変なプライドと屈折した劣等感があったためと思われる。

このような僕が、日本ではまだしも、海外で著名人にお目にかかるなどということはまずありえないはずなのだが、スターが大好きという上司を得たがために、とんでもない著名人と会うことになった。ポール・アンカである。

彼は「You are my destiny」（君は我が運命）やフランク・シナトラのメガヒット曲の「My way」の作詞作曲家で、日本にも熱狂的ファンが多い。

いきさつはこうだ。例によって僕の上司がカジノのバカラテーブルでプレーをしていると、突然見慣れた顔が横に座った。よく見るとそれは、一流のステージや映画の世界でしか見られないポール・アンカではないか！

見逃す手はないと上司は持ち前のずうずうしさを発揮して、片言の英語であまりバカラを知らない彼にプレーの手ほどきを行った。こういう時にはちゃんと意味が通じるらしく、ギャンブル仲間はその後急速に親しくなって、彼の住んでいるカリフォルニア州のカーメルに招待されるまでになった。この町は映画俳優のクリント・イーストウッドが市長をやったことがある有名な町である。

「齋藤君、一緒に行くかい？」と言われて僕はとっさに答えた。

「はい！」

僕にとって上司の要望に応えるのは仕事の一部だから仕方がないのだ!? どうやら、ポール・アンカが家を売りたいから一度見に来ないかということになったらしい。やはり販売条件や金額などの詳しい話をするためには僕のヘルプが必要になるのだ。だが、僕の上司がそんな金を持っているのかと心配になった。

この時初めて、ポール・アンカの仕立てたプライベートジェットに乗った。ラスベガス空港からはほんのひとっ飛び。彼の秘書が迎えに来てスパニッシュ風のホテルにチェックインしてから自宅に招かれた。一万坪もあるだろうか、でっかい敷地のど真ん中に豪邸が建っている。

ポールはアメリカで有名な『VOGUE（ヴォーグ）』の表紙を飾ったトップモデルの奥さんと一緒に迎えてくれた。背が高くてすこぶるつきの美人！　両方とも両親が中近東のベイルートからの移民であるということでより親近感を覚えた。なぜなら、わが社はベイルートとも取引があったからである。

ディナーをごちそうになりながら、彼の絵のコレクションや娘さん達の話をした。お客を自宅に招いてごちそうするなどというのは最高のおもてなしである。僕はトランスレーションに集中して、おいしかったという以外まったく覚えていない。時折、でっかいむく犬がガラス戸から覗いて、からかうと恥ずかしそうに逃げていくのが面白かった。

夕食後、ポールは図面を持って敷地を案内してくれた。気候は温暖にして高台からは時々クジラが横切るという太平洋が見え、閑静ですばらしい環境だったが、上司が考えている「日本の留学生の宿舎にする」にはどう考えても大きすぎる感じがした。

翌日はホテルの近くの砂浜をジョギングした。何となく殺風景で特別の感慨はなかったが、ここに僕の足跡を残したということが重要なのだ。結局商談はまとまらなかったが、またしても上司のずうずうしさが僕に貴重な経験をさせてくれた。

その後ポール・アンカの香港での公演に呼ばれ、上司と一緒に僕の妻も同行した。おなじみのスタンダードナンバーを歌い終わり、カーテンコールで彼が再度ステージに現れた時、上司が何を思ったか、僕の妻にテーブルに飾ってあったバラの花を渡して、「行ってきたら」と言った。僕はまさかと思ったが、分からないのは女心。恥ずかしさもなんのその、さっさとステージに駆け上がるとポールにそれを渡した。なにしろ和服姿なので香港の聴衆の中で目立つこと。さらに驚いたことは、ポールが彼女に濃厚なキスをしたことだ。それ以来、ポール・アンカの曲を聴くたびに、その時の光景が悪夢のように思い出される。

3. キャビアのお茶漬け ―Ochazuke of Caviar.

　またしてもラスベガスで恐縮だが、アメリカでもここはインパクトが強い。アメリカもニューヨークをはじめとしてワシントン、マイアミ、フォートローダーデール、アトランタ、ジョージア、ニューメキシコ、サンフランシスコ、ロサンゼルス、サンディエゴ、シカゴ、ミネアポリス、アルバカーキ、ヒューストンと色々回り、それぞれ苦労話や思い出があるが、やっぱり強烈な印象は社長と行ったラスベガス以外にない。

　ラスベガスはエンターテインメントにかけては重層的で訪れる者を飽きさせない。まず何といってもカジノ。賭け事は大嫌いだという人も、四〇〇〇室以上の客室を誇るホテル&カジノから一〇〇室程度の小さいホテルまで、その場を通らないと客室には行けないというカジノで、歓喜にあふれた歓声や、大当たりのベルの音を聞いたりすれば、ちょっとはやってみたいと思うのも無理のないところである。

　二四時間営業の不夜城。そこは朝方四時ごろに行っても目を血走らせたギャンブラーがカードとにらめっこしている。あちこちに置かれたフライヤーは大当たりをして何千万、何億円稼いだ、野暮ったい風貌の男性の満面の笑みを浮かべた写真を載せ、いやが上にもギャンブラーの賭心をあおる。プレーの種類と言ったら……。ポーカーからブラックジャック、スロットマシーン、スヌーカー、バカラ、ルーレット、大小、それも機械からカード。それぞれ賭け金の異なるテーブルと選択に迷うほどだ。

もしあなたがギャンブルは死んでもやらない派だったら、それぞれのホテルに併設されたビッグアトラクションを楽しめるだろう。飲み物が出る舞台に近いボックスシートだと、目の前でプレーしているので、もしかしたら舞台に引っ張りあげられるかもしれない。

もし万が一、あなたが大勝をしたら、それをどうするか心配する必要はない。目抜き通りのあちこちにあるショッピングモールにはメーシーやブルーミングデールズなどのデパートがあり、一流のブランドものからローカルの個性的な店がずらりと並んでいるし、何かおいしいものや変わったものが食べたければ、世界中の料理がホテルやダウンタウンのレストランで食べられる。その他観光もたっぷり。ミード湖やフーバーダム、グランドキャニオン、インディアン居留地と盛りだくさんのツアーが軒を連ねている。

例によってあのギャンブル好きの社長さんにかかると、ラスベガスも違った楽しみが出てくる。彼は英語は下手だが、とにかく人見知りをしない。チップは大いに弾むし、通じるかどうかは別にしてよく冗談を言う。一流の店では彼はちょっとした有名人だ。

おかげで我々は超一流のスイートルームに泊まったり、エンターテインメントでは常に最前列席、ホテル間の移動ではリムジン、ロサンゼルスからのプライベートジェット、バカラでは別室で特別あつらえの食事、超有名人との食事など、めったにない面白い経験をさせてくれる。

ある晩、そろそろ夕食時間に近づきおなかがすいたころ、彼がバカラの席から立って、「お茶漬けを食いに行こうか」と言う。海外、特に欧米諸国に出張すると、やたら日本食が食べたくなる。でもお茶漬けとは？　そんな店がホテルの中にあるのだろうか。

彼は不審げな我々の表情にかかわりなく、中華料理店に繰り出した。お茶漬けなら日本料理だが、中華とは？　ますます分からない。席に着くと彼は喜び勇んで彼を迎えたマネージャーに何事か囁くと、彼は合点承知の顔でうなずいた。

待つことしばし。見覚えのある、フレンチレストランのボーイが何かを載せたカートを押して現れた。布の覆いを取ると中から現れたのは、皿いっぱいに盛られたキャビアだった。漆黒の宝石がキラキラと光り輝いている！

ボーイが中華料理店の厨房から運んだご飯をよそい、キャビアをたっぷりとかけ、お茶をかけるとキャビアお茶漬けの完成。Bite, bite and bite. 言うだけ野暮だが、やっぱり、今まで食べたどのお茶漬けよりもおいしかった。

だが、こんなことができるのも、社長がギャンブルで勝っているおかげである。ギャンブルは勝たなきゃ何にもならないが、それが宝くじを当てるほど難しいのだ。

ドイツ編

1. ドイツに長期滞在 —Long stay in Germany.

これはまだ僕が若かった五〇年前の話である。

ドイツの冬は雪は少ないが暗く寒い。なんとなくみじめな気分になる。日照時間が短く、朝は八時半でもまだ薄暗い。

僕に出張命令が下ったのは一一月末のことだった。他の工場で製造した製品が客先で不良が発見されたので修理が必要になり、僕に修理マンの白羽の矢が立ったというわけだ。作業内容は簡単で部品を一部交換したのち、ドライバーで定められた数値に調整すればよい。これだったら技術系でもない僕にもできるが、数量が五〇〇〇個もあるため、今年中に終わるかどうか予測が難しかった。

ソ連（当時はまだソ連だったのだ）のアエロフロート機が厚い密雲をついてデュッセルドルフ空港に降り立ったのは一二月一日。営業部長のハーマンが迎えに出てくれた。一時間半ほどのドライブで会社の近くのホテルにチェックインし、翌日から出社。彼らは不良品に心証を害しているはずなので、社員の目に非難の光が宿っているように感じた。

英語ができるのはこの会社の社長とハーマンだけ。社員三〇名ほどの販売会社だが、社員はせいぜいカタコト英語かまったく駄目かだ。ポーランドから避難してきたという女性を一人ヘルパーとして出してくれた。彼女は英語がまったくできない。「ヴィーゲートエスイーネン」と飛行機の中で覚えた即席のドイツ語で挨拶のあとは、手振りで製品を箱から出してテーブルの上に並べるように頼んだ。彼女も意思が通じるかどうか不安そうに見える。

測定のための計器は揃っていたが、ドライバーがない。日独の辞書を調べて「ツィンマーシュルッセル、ビッテ」と言うと「ヤー、ヤー」と言って持ってきてくれた。作業が順調に進み、しばらくすると彼女は突然腕時計を指さして「パウゼ」と言った。意味が分からず僕は戸惑ってしまった。

パウゼ？　パウゼ？　何だ。時計を指さす彼女のしぐさとポーズに近い単語に思い当たる節があった。そうか休憩だ！　見ると部屋の時計が一〇時を指している。「ヤー、ヤー、ビッテ」と言ってうなずくと、彼女はうれしそうに部屋を飛び出していった。

毎日会社の誰かが送迎してくれ、ハーマンが食事に誘ってくれた。あまりおいしくないドイツ料理には閉口したが、中華料理を食べるとホッとした。ある日ハーマンが真面目な顔をして言った。

「社長が齋藤さんにうちの会社で働かないかと聞いてみてくれと言われたけど、どう？」

妻を日本に残して僕だけがドイツに留まるわけにはいかなかったし、何よりも技術的な知識と経験を持っていないエンジニアもどきということがすぐにバレてしまうので、その場でお断りしたが、内心誘われたのはうれしかった。土日には社長が自宅に招いてくれて宿泊させてもらったり、車で4、50分ほどのデュッセルドルフまで行って日本料理をごちそうになった。

一二月二四日の朝に、僕が作業しているのを毎日のように覗いて声を掛けてくれるヴィアカというおじさんがドイツ語で一生懸命話しかけてきた。

「イッヒ・スプラッヘン・ラングザム」

どうやらゆっくりしゃべるからよく聞いていてということらしい。ラングザムという言葉は飛行機の中で一生懸命に読んだドイツ語会話に出てきたことを思い出した。

「ホイテ・ノワール・クリスマスパーティー・マイネ・ハウゼン。コメン・ジー？」

今晩僕の家でクリスマスパーティーをやるけど来ない？　という意味だろう。

僕はもちろん二つ返事。

その晩は二〇人ほどの気の置けない招待客と飲めや歌え、踊れやの大騒ぎ。おばさんにディープキッスをされ、ドイツの歌謡曲のレコードまでプレゼントにもらってしまった。

帰国したのは年も押し迫った一二月三一日。とても楽しいドイツ滞在だった。言葉は分からなくとも、必要な言葉数語が分かれば通じるというういい経験をした。

2. ミュンヘンでホテル探し ―Look for the hotel in Munich.

そろそろ目的地のミュンヘンに着こうかという時、何やら胸騒ぎを覚えた。胸のポケットから手帳を取り出してあわててめくった。ない、ない、ない。泊まる予定のホテルの名前も電話番号も見つからない。

ミュンヘンにはすでに技術の小手沢さんが先に行っていて僕を待つ段取りになっていた。翌日は商社の人間と、当時ユーゴスラビアの一部のリュブリャナに飛んで、商談をする予定だ。もうほとんどパニック状態だった。ミュンヘンに着いて彼らに会うことができなければ、この旅はまったく無意味なものになってしまうのだ。

「こんな時はあわてちゃだめだ。落ち着け、落ち着け。ひょっとしたら、バッグの中に入れたノートにでもメモ書きがあるかもしれない」

それはもうほとんど確信に変わっていた。

僕は腹を決めてまどろんだ。

ミュンヘン空港でチェックアウトをしてから、僕は懸命に旅行カバンを開け、ノートをまさぐった。だが、どのページにもホテルの名前を記したメモはなかった。

この広いミュンヘンで小手沢さんがどのホテルに泊まっているのか探しようがない。ホテルの名前でも覚えていれば！　万事休すだった。日本の会社に電話をしても、技術の社員だけだから誰も知るわけがない。

到着ラウンジで僕は途方に暮れて、人の動く姿やコーヒーショップで楽しそうに談話する人たちを惚けたように眺めた。唯一残された方法はミュンヘン中のホテルに電話をかけまくって、小手沢さんが滞在しているかどうか確かめることだったが、ドイツの電話帳の見方を知らない。ましてそれはドイツ語で書いてある。

しばらく所在なく呆然として辺りを眺めていたが、やがてホテルの名前や電話番号を集めたボードが目についた。よく見ると代表的なところだけ載せているのかと思ったほど数が多くない。せいぜい二〇軒程度だったが、この中に小手沢さんが泊まっている確率はかなり高いだろう。

ボードの隣にあった公衆電話を見つけて、片っ端から電話を掛けた。

ありがたいことにホテルは全て英語が通じた。

Is Mr. Kotezawa staying at your hotel?

Mr. Kotezawa? No, nine.

Thank you.

また次、そしてまた次。

六軒目のホテルに目が行くと何か思い当たる節があった。

Hotel Roven Broi　ライオンホテルだ！　たしかそんな名前だった。

だが、記憶違いということもある。そうあってほしいという気持ちが、間違った記憶を本当だと信じ込ませてしまうのだ。だが、このホテルが違っていれば、彼にミュンヘンで会えないことが確実になってしまう。

恐る恐るレセプションを呼び出して彼の名前を告げた。

すると、Does he spell Kokekawa?（コケカワというスペルですか）という返事が返ってきた。

No, K,O,T,E,Z,A,W,A.

やがて彼女からYes, he stays here.という返事が返ってきた。

万歳!!　万歳!!　万歳!!

やがて電話がつながれ、のんびりとした声が返ってきた。

「あれ、齋藤さん。着くのが遅いから心配してたんだ」

僕がそれ以来、メモをしっかり取るようになったことはもちろんのことである。

3．ギリシャ人とハノーバーで —In Hanover with Greek.

ギリシャはマーケットが小さいのであまり注文数は多くなかったが、それでもディミトリは毎年すこしずつ注文をくれた。お金があるのか、日本が好きなのか、毎年のように弟と一緒に日本人エレクトロニクスショーに顔を出す。

ギリシャ人は僕にとっては珍しい人種だったが、お隣のトルコ人とイタリア人を混ぜたようなキャラクターと風貌の持ち主で、背は高からず低からず、黒髪で肌はやや浅黒く、ブロークンの英語でよくしゃべる。いい人なのだが、細かいことにくどいのが難点だ。

その後、彼からドイツにいるギリシャ人の友人のマイケルを紹介され、ドイツへの出荷も始まった。よく働くというドイツと怠け者と言われるギリシャ人の組み合わせは理解に苦しんだが、いろいろいきさつがあってどうやらポーランドやチェコなどの東欧の国との中継貿易を行っているらしい。


ある時、マイケルがサンプルを持参しながらハノーバーメッセと言われる電気の展示会に来ないかという。誘われるとすぐにお尻がむずむずする僕。

フランクフルトやデュッセルドルフはおなじみだが、ハノーバーは初めてで、しかもハノーバーメッセはヨーロッパでも最大の規模なので興味があった。とかくヨーロッパの展示会は世界中から人が集まるので、ホテルを予約するのが至難の業だ。だが、マイケルはすでに宿を確保して、しかもディミトリもギリシャから駆けつける予定だという。

二月のハノーバーは海からの北風が吹きこみ、みぞれ交じりの雪が横殴りに吹きつける最悪なコンディションだったが、メッセには大勢の人が集まり熱気が渦巻いていた。僕は早速マイケルのブースを訪ね、持参したサンプルを渡した。マイケルは予想通り、人好きのする初老のギリシャ人だったが、僕を抱擁で出迎えてくれた。ドイツで商売をしているというのに英語もまあまあで、会話にはまったく不自由を感じさせなかった。

展示会が引けてから、あとで合流したディミトリとマイケルの確保した下宿屋に向かった。一軒家なのだが、このような大規模な展示会があるたび、住人は親戚か知り合いの家に泊まり込み、お客のために自分の家を空ける。だから普通のドイツ人の家にギリシャ人二人と僕とでシェアするわけだ。一応何でも揃っているとはいえ、シャワールームのタオルは家族がいつも使っているものらしく生活臭が漂い、ベッドのシーツなどはしわしわで何やら微笑ましいような、庶民的なような、しょぼくれているような。

宿舎で一休みすると、彼らは早速ギリシャレストランのタベルナに行こうという。食べるなで食べるという変なギリシャ語である。ドイツは食事がまずいので、我々日本人が日本食か中華を食べたくなるのと同じだ。とてもきれいなレストランだったが、残念ながら料理がまずいのか調理が悪いのか、あまりおいしいとは思えなかった。

だが、僕はドイツで、しかもギリシャ人の中に交じって話をしている自分を改めて意識した。ああ、僕って国際的だな〜。

フランス編

1．潮のにおいのしないマルセイユ —Marseille, no smell of the sea

僕がマルセイユを訪問することになったのは、昔、会社がマルセイユのサッカーのチームに資本参加することになったのが縁である。パリからＴＧＶ（高速鉄道）で三時間、チーム主催の歓迎会に出席した。

思い起こせば高校生時代、国際文通（International Correspondence）に凝って、世界中の同好者と文通を始めた。雑誌で紹介された海外の人たちに英文の手紙を書き、返事が届くのを首を長くして待った。返事が来ると早速、日本の伝統や歴史を紹介し、時には写真や絵ハガキを同封して送った。その中にあこがれのフランスの女性がいた。場所はマルセイユ。やっと来た返信の封筒を開けると彼女のシェパードと並んで撮った写真が入っていて、ほんのりと香水の匂いがした。美人だった。

これを見て、僕のフランスに対する夢は爆発！　以来マルセイユはあこがれの地になった。単純な話だが、これが若さというものである。いつか行けたらいいなと思っていたマルセイユが、こんな形で行けるようになるとは思ってもいなかった。

Olympique De Marseille（オランピック・ドゥ・マルセイユ）はパリ・サンジェルマンと並んで伝統を誇るフランスの強豪チームだったが、八百長試合が発覚して二部リーグに降格させられ、スポンサーがいなくなったため日本にまで資本参加を求めてきて、新し物好きのKさんが乗ったというわけだ。

滞在時間も短く、できるだけ早く空気を味わいたかったのでホテルにチェックインしてから早速マルセイユの町を走った。前知識がまったくないので、やみくもに本能が誘うがままに走った。ホテルから続く道は緑がほとんどなく、だだっ広いだけで趣がない。二〇分くらい走るとやがて見えてきたのは地中海！　初めての風景だった。ヨーロッパの歴史上常に主役を演じてきた偉大なる内海である。エジプト時代から、ギリシャ、ローマ帝国、オスマントルコとナポレオンの幽閉も含めて常に歴史の表舞台となってきた。

セーリングをする少年たちの姿や船の出入りをしばらく眺めたが、やがて潮風に海のにおいがないことに気がついた。空気がドライで澄み切っていて、日本のような魚や海藻のにおいがない。マルセイユは商工業都市で軍港があるという漠然とした知識はあったが、漁業については聞いたことがなかった。へ～、こんな海もあるんだ、と感心したが、考えてみるとアメリカの西海岸や東海岸の海も潮のにおいがなかったような気がする。

レセプションは市長や市会議員、チームの新監督、組織の長や役員が参加して行われたが、フランス語なので挨拶の内容はチンプンカンプン。ああ、大学でもっとフランス語をやっておけばよかったなと例によって後悔しきり。同行した通訳ののり子さんはパリ在住数十年の女性。彼女は英語もフランス語もほとんどネイティブのようにペラペラだ。

パーティーが始まってから、市長や議員に接触を試みた。彼らはフランスでもエリートだから英語は話せるはずだが、こちらの言うことが理解できないかのように会話に乗ってこない。仲間内だけで話す、そんな態度に何となく日本人を見下しているような感じがした。

「日本人？　スポンサーだから招待したが、君たちには興味がないんだよね」と。

どういうわけなのだろう。この印象はアメリカの上院議員に紹介された時もそうだった。

「日本人？　興味がないよ」

これは彼らの職業上のステータスから来る庶民に対する蔑視なのだろうか、それとも日本人に対する差別なのだろうか。それとも初対面の人間とは話さないという、単にシャイなのか、この答えはいまだに分からない。

ともあれ調印式は無事に終わって、クラブ職員のおしゃべりなマーチンに市周辺の、いわゆるプロバンス地方を案内してもらった。訪れたのは六月だったが、点在する農家の敷地には木が生い茂って、その間を小川が流れ、その景色は絵のように美しい。数十年前の文通の女性の面影を見たような気がした。

ここは、もう一度ゆっくり来てみたいという数少ない場所の一つだ。海水浴客がたむろするビーチ近くのレストランでマルセイユ名物のブイヤベースを食べながら、日光浴をする女性をチラチラと眺めた。チラチラというのは、ほとんどがノーブラで凝視すると罪に問われるような気がしたからである。

マーチンによれば、マルセイユは海を越えてアフリカからの密入国者が多いとのこと。日本にいるとピンとこないが、地勢的にアフリカがいかに近いかということを改めて認識した。こんな感覚は、その場に行って初めて実感できる。

2. 激戦の町ダンケルク—Battle of Dunkirk

寒い、とても寒い。凍てつくほどではないが、空気が湿っていて、外を歩くと寒気が肌を刺す。退屈になって外に出たが、すぐまた部屋に戻った。

通信機のフランスでの認可申請のため、エンジニアの小手沢さんと二人でイギリスのグロスマン氏のフランス支社に来た。データの計測のための測定器をフランスのものと同調を取らなければならないので、日本でしっかり測定しても最終的には現地の測定器で調整しなければならない。

同じ測定器でも温度や湿度などの条件が異なると微妙にデータが違い、時にはその違いが命取りになることもある。だから小手沢さんは真剣だ。僕はこんな場合、エンジニアのトランスレーターなので、彼が測定器とにらめっこしている時は何もやることがない。

ダンケルクはベルギーまで一〇キロのフランス北限の都市である。マルセイユとルアーブルの次に大きなフランス第三の港町だが、教会や鐘楼など歴史的な建造物を除いて観光的には見るべきものがあまりないので日本人にはなじみがない。

第二次世界大戦においてはその戦闘の激しさで有名だったことはご存じの人も多いだろう。ジャン＝ポール・ベルモンド主演の『ダンケルク』（一九六四年製作）という映画は有名である。二〇一七年にも、クリストファー・ノーラン監督の映画がある。一九四〇年、当時絶対的に優勢なドイツ軍がイギリス・フランス連合軍を攻撃し、連合軍はジリジリとダンケルクの海岸まで後退。これ以上攻撃されれば海でおぼれるしかないという時になぜかドイツ軍の進撃がピタリと止まり、連合軍はかろうじて船で逃れることができたというものである。これは歴史的謎とされているそうだ。

五日間の滞在だったが、客先の営業部長のフランクが国境を越えてベルギーまで連れていってくれたり、近所の名所を案内してくれた。町に入ると驚いたことに建物には無数の銃撃の跡。家の壁のあちこちや門や塀とところきらわず弾の跡である。ちょっと見ただけでも相当激しい銃撃戦があったことが容易に想像できる。かつてテレビ映画で人気のあったヴィック・モローの『コンバット！』の戦場を彷彿とさせる。一九四四年、連合軍が大挙してドーバー海峡を渡り、ドイツ軍を撃退して勝利を収めるまでドイツの支配は続く。これまた、『史上最大の作戦（The Longest Day）』の映画が思い出される。

フランクによれば、この場所は戦跡として修復せずにあえて残されているそうである。人間の愚かさを感じるとともに、この悲劇が生かされていない現代になにやら虚しさを感じたひと時だった。

翌朝、ダンケルクの街を走った。恐らくもう来ることのない街に僕の足跡を残しておきたかった。港に行って漁船が舫《もや》っているのを見たが、宮崎駿のマンガ映画に出て来るような日本と違う形の漁船がメルヘン的でおかしかった。もっと見たかったが、それ以上走るにはちょっと寒すぎた。

例によって中華や日本料理店を探したが、見つからない。だが走っている最中にRestaurant De Asie（レストラン・ダ・ジ）という看板を見つけた。つまり訳せばアジアのレストラン、日本で言えばエスニックレストランということになるだろうか。

愛想のいい店主に迎えられた。ン、これは幸先がいいぞと思って入ると、なんとそこはタイ料理店だった。予期しなかった喜びにトム・ヤム・クンを頼んだ。ご機嫌、と言いたいところだったが、本場ものとは似ても似つかぬ味だった。大体フランスの地方都市でおいしいタイ料理を食べようとするのが間違いなのかもしれない。

3. 見るだけ五フラン ―Just looking at 5 francs

フランスは観光の名所の宝庫だが、やっぱりパリは別格だ。世界中から観光客が押しかけ、その数、なんと年間七〇〇〇万人である。滞在するホテルの場所や季節によっていつも違った顔を見せてくれる。

三月ごろまでは寒さが厳しいが、春になるとその美しさは目を見張るようだ。シャンゼリゼを散歩するのも、いいし、セーヌ河を観光船のバトー・ムシュで上り下りをするのも、いい。ぼんやりとブラッスリーでカフェ・オ・レを飲みながら道を歩く人たちを見るのも楽しい。パリはどの一画を切り取っても綺麗な絵になる。

パリは五～六度訪れたが、なぜか何度行っても物足りなさを感じる。あまりにも見るものが多すぎるから、いつでも欲求不満になる。もし、許されるなら最低でも二週間はいたいところだ。

だが、そんなパリも安全なところだけではない。初めてパリを訪れた時のことだ。オペラ座の近くに宿泊し、おのぼりさんよろしくあっちをキョロキョロ、こっちをキョロキョロと有名な建物や観光地を見て回った。エッフェル塔、凱旋門、サクレクール寺院、ルーブル美術館、ムーラン・ルージュ、ノートルダム寺院……。この時はパリには仕事上のお客さんはいなかったので、まったくの観光だ。

仲間の同行者とちょっとあやしげなところに行こうとタクシーを拾ってムーラン・ルージュに向かった。かの有名な建物を前にして、どうやって中に入るのか、何をやっているか分からずうろうろしていたが、やがて近くの建物の前で愛想のいい男が呼び込みをやっているのを見つけた。我々が前を通ると男は声を張り上げた。

「見るだけ五フラン、見るだけ五フラン」

まだ、フランスがユーロを採用していない時代である。当時は五〇〇円くらいだったろうか。

「あれ、日本語じゃないか!?」

まったく予想していなかったので、友人とびっくりして見つめ合った。

なにしろフランスに来てからはフランス語の洪水で、英語に飢えていたところで日本語に出会ったので急に親近感を覚えて立ち止まってしまった。

男は立ち止まった我々を見てますます調子を上げ、

「トーキョー、オオサカ?」

と聞いてきた。

「おい、何だここは?」

「ヌードショーらしいぜ」

「入るか?」

「うん」

勝ち誇って案内する男について中に入ると、客はほとんどおらず、薄暗い奥のステージであやしくうごめく女体が見えた。きれいだった。

「ねえ、いいんじゃない、ここ?」と僕が言うと友人は意外なことを言った。

「ちょっと、ここにおうよね。やばくない?」

「え、そんなふうには見えないけどね」と素直な僕。

すると友達は「ちょっと嫌な感じがするから、僕はどこかで飲んで帰るよ。ホテルで会おう」とさっさと出ていってしまった。

一人取り残されると急に不安になってきた。よく見ると出口に屈強な男が立ちふさがっていて険悪な雰囲気が漂っている。まさか、と思ったが早く退散するに越したことはないと出口に向かうと、男たち数人が前をふさいで通してくれない。

「見るだけ五フラン君」が現れて、ちゃんと金を払えと英語で言う。腕力ではかないそうもなかったので、通してくれ、いや金を払えの口論になった。いくらだと聞いたら五〇〇フランだという。当時の換算で三万円程度である。しまったと思ったが、もう後戻りはできない。払うか、簀《す》巻《ま》きにされてセーヌ河に投げ込まれるかどっちかだ。ずいぶん高いヌードショーだったが、命があっての物種。僕は逃げるようにしてそこを出た。

二九カ国を回って何百回となく海外に出たが、怖いと思ったのはこの時だけである。とかく名所と人の集まるところは悪いやつが多い。

イギリス編

1. 大英博物館と焼き栗 ―British museum and roasted chestnuts

イギリス滞在中に暇な時間ができたので大英博物館に出掛けることにした。ロンドン郊外にある客先、Swallow Fields（スワローフィールズ）のあるStoke-on-Trento（ストーク・オン・トレント）駅から在来線に乗り、Kings Cross（キングズ・クロス）駅で下車し、地下鉄に乗り換えてTottenham Court Road（トッテナムコートロード）で下車。

ロンドンの地下鉄は乗り心地が悪い上に、プラットホームの地下道が狭いので、あまりほめられたものではない。音はうるさいし、よく揺れる。おまけに初めて乗った路線なので、正しい路線に乗っているかどうか心が穏やかではない。道を聞いてもロンドンっ子はあまり親切とは言えない。

イギリスのお客さんはわが社の最大の取引先だったが、アメリカや台湾、香港と異なり、遠距離ということもあって二～三度しか訪れていない。しかもビジネス旅行となればのんびりと観光にいそしむわけにもいかず、ほとんどが客先のオフィスとホテルの往復だ。だが、今回の旅行はわが社の製品（無線電話機）を販売するに当たってイギリス政府の認可がいるため、その申請の手続きのために僕が通訳として小手沢さんに同行したというわけだ。彼はイギリスの電波管理局に申請のために持参したサンプルをイギリスの測定器で再度測定しなければならない。これは日本とイギリスの測定器の値が微妙に異なるためにこれに合うようにサンプルを調整する必要がある。時には二～三日の予定が一週間にも及ぶことがある。そんなわけで僕は暇をつぶすため、初めての大英博物館に挑戦というわけだ。

僕は地下鉄の駅を出て、辺りを見渡し、一般の観光客とは違うぞとロンドンを知ったような顔をして、足早に鉄のポールの塀のコーナーを回り、正面門に着いた。中学校の教科書に載っていた壮大な建物が目の前に広がっていた。これがあの有名な大英博物館だ！

おずおずと中に入ると、右側には第一次大戦でお目見えし、ドイツ軍を震え上がらせたというタンク（戦車）が鎮座し睨みを利かせている。入り口にはいろいろな国からの観光客で満ち溢れている。何が展示してあるか分からないままに順路に沿って進む。メソポタミアやエーゲ文明の彫刻や調度品がこれ見よがしに鎮座する。歴史と美術の本で見たようなものばかりだ。だが詳しいことは皆目分からない。

続いてエジプト文明の膨大な数のミイラ……。これらはエジプト政府がイギリスに盗まれたと非難しているものだ。当のイギリスは「君たちには管理能力がないから預かってやっている」とケロッとしてうそぶいている。歴史的な背景から見ると、当時圧倒的なパワーを持っていたイギリスが、最貧国のようなエジプトで何をしようとまったく抵抗がなかったに違いない。それにしてもこの膨大な数はどうだ。あまりの多さにうんざりしてしまった。ミイラ、ミイラ、そしてミイラ。まるで博物館内がミイラで埋まっているような感じだ。辟易して次の展示物に移ったが、あまり印象に残るものはない。

実はこの大英博物館、なんとなく見残したような感じがあって、数年後に再度挑戦したのだが、不思議なことに印象はまったく同じだった。だが、この展示物は歴史愛好家にはたまらない魅力だろう。

欲求不満で門の外に出ると、街角から香ばしいにおいが漂ってきた。近づいてみると、なんと焼き栗ではないか。爺さんが小さな鉄板をゆっくり火の上で動かしながら栗を焼いていた。何ポンドか払って一袋購入する。パリパリッと音を立てながら、皮を剝いて口に放り込む感触は何とも言えない。うまい！

そういえばイタリアのローマでも、スペインのバルセロナでも、この風景を目にし、意外なことに韓国でもお目にかかった。イタリアにはマロングラッセなどの洋菓子があることは分かっていたが、ロンドンで最も原始的な焼き栗を目にするとは思わなかった。しかも大英博物館の前で！

栗の食べ方はいろいろあるが、採ったばかりの栗は煮ても甘みが少なく渋皮も取りにくいので、僕は一週間から一〇日ほど日陰干ししてから煮る。甘みがぎっしり凝縮して実においしい。そのまま煮汁に入れておくと皮も剝きやすく、水を入れ替えれば一週間ほど食べられる。焼き栗は日本ではお目にかかったことがないが、原理的に焼くことによって水分が抜け、甘みが増すだろうことは想像できる。

話は飛躍するが、僕は栗を食べながら考えた。このイギリスという国の不思議さだ。三つの王国を一つにまとめたUnited Kingdom、いわゆるU．K．という国が一七世紀初頭に世界を制覇したスペイン、ポルトガルを破り、インドを植民地にし、一八世紀半ば産業革命を経て世界の覇者に躍り出た。

日本と面積があまり変わらない島国で人口も六千万そこそこの国が、いったいどうしてこのようなパワーを持つようになったのだろう。

そして江戸時代後期には、はるばる大海を渡って日本の長州藩と砲撃を交えている。こんな小さい国がどうしてこれだけの国力を持つことができたのだろう。日本がもし鎖国をしなかったら、イギリスと同等の力を持つことができたろうか。歴史の不思議である。

2. 古城のホテル —Stayed at the old castle hotel!

アメリカとヨーロッパを比較すると、歴史の厚みでは圧倒的な差がある。アメリカはイギリスとの独立戦争を勝ち抜いて一七七六年七月に独立。まだ建国以来二四二年ほどしかたっていない。アメリカに行くと、なんとなく薄っぺらな感じがするのはそのためだ。

その点イタリアやフランス、スペイン、イギリス、ドイツは歴史の重みをどっしり受け継いでいる。いずれの国も近距離の範囲にあるが、それぞれ人種の構成や、言語、文化は大きく異なる。これがヨーロッパの面白さだ。

イギリスは残念ながら滞在期間も少なく、歴史的な建造物に触れることはほとんどなかったが、一度だけチャンスがめぐってきた。バイヤーのグロスマン氏と世界的に有名なロイヤル・ドゥールトンを訪問することになり、ついでにイギリス北方までの小旅行をプレゼントしてくれたのだ。当時、無線電話はいろいろな分野で人気者で、すでにあったロイヤル・ドゥールトンの磁器製の電話機に無線電話の回路を埋め込もうというわけだ。

グロスマン氏、エンジニアの小手沢さんと共にKings Cross（キングズ・クロス）駅から約一時間半。Stoke-on-Trent（ストーク・オン・トレント）のロイヤル・ドゥールトンの本社で工場を見学して商談を済ませ、その後二時間でNewton Aycliffe（ニュートン・エイクリフ）に到着。なんとタクシーで着いた先は、六世紀初頭の伝説の騎士王、アーサーのキャメロット城と見まがうほどの古城を改造したものだった。

中は薄暗く、床は土間。その向こうに貧相なレセプションがあった。

「うわー、コテちゃんすごいね、ここは」と僕。

「大丈夫かいね、ここは」と小手沢さん。

世界中のホテルを泊まり歩いている二人を驚かすに十分な内容だった。

二階の客室は今風に改造されていたが、壁は当時の石組みのままで、とてもラフな感じ。四本脚のついた質素なホウロウの風呂桶がバスルームにドカンと置かれ、蛇口はむき出しで後から備え付けられたものだということが容易に分かった。

かなり昔の話なので記憶があまり確かではないが、質素なベッドの中で一晩イギリスの歴史にどっぷり浸ったような気分だった。寝心地は良くなかったが、何だかとてもワクワクしたのを覚えている。

インターネットで調べると、このホテルは現在BEST WESTERN（ベストウエスタン）の傘下に入り、宿泊だけでなく結婚式場としても運営しているらしい。

地方に行くと、こんな具合にイギリスには古い家や城を改造したホテルがまだ多く見られ、その当時の時代背景を想像するだけでも楽しい。よく外国人が集まると、家はイギリス、食事は中華、お嫁さんは日本と冗談めかして言われるが、イギリスの家は機能的な美しさと独特なデザインで定評がある。もう一度機会があったら、イギリスの地方をじっくり見てみたい。

こんな経験をすると、観光で来日した外国人が日本の古い家屋を好むという気持ちがよく分かってくる。日本の歴史も決してヨーロッパに負けるものではない。家屋だけではない。江戸時代の侍や芸者、忍者が人気があるのは当然のことなのだ。

ちなみにロイヤル・ドゥールトンの無線電話のプロジェクトは不成功に終わった。どうやらこの歴史のある会社のトップには、あまりにも奇抜すぎたのかもしれない。

あとがき

英語には決して強いとは言えなかった僕が、何とか「役に立つ」英語ができるようになるまでには長い道のりが必要だったが、その中に「これは」といういくつかのとても印象的な出来事があった。

人それぞれ英語征服のための工夫と努力をしているが、時には時間がなかったり、進歩の度合いが見られずに途中で投げ出してしまったり、自分の能力のなさが分かってあきらめる人がたくさん見受けられるが、あともうちょっとというところで挫折している姿を見ると、とてももったいないような気がする。

世界的に見渡してみると日本人は確かに英語が苦手なように見える。実際SEASON-1の「1．日本人は本当に英語が下手？」に記したように、その理由を考えると、日本人が英語がうまくなれないのは正当な理由があるとさえ思えてくる。

その意味で、僕が経験を通じて会得したいくつかの事例は、そんな日本人の宿命的な欠陥を指摘し、あぶりだした「日本人英語勉強法」とも言えるだろう。一読した皆さんの中にはもうすでにやる気が起きてきた人がいるかもしれない。

今の日本は外に開かれたと認識している人がほとんどだと思うが、観光や文化交流においてはまだ始まったばかりとも言える。国の政策が甘かったと言ってしまえばそれまでだが、総じて日本人がそれを意識していなかったことにもよる。

二〇二〇年の東京オリンピックを控え、世界中からお客様を迎え、交流を深めるとともに、今まで秘められていた不思議の国日本の文化を発信していかなければならない。日本食やコスプレや漫画はまだほんの一部なのだ。そのためにはコミュニケーションのために英語が絶対に必要である。

地域別では欧米を中心に取り上げたが、機会があれば、アジア編も取り上げてみたい。

最後に、SEASON-1の「9．その気になる」をもう一度開いて、その極意を読み返していただきたい。きっと前と違う自分を発見されることだろう。

著者プロフィール
齋藤 慎太郎（さいとう しんたろう）
1941年生まれ。
宮城県在住。
早稲田大学商学部卒業。

29カ国と交渉した商社マンが教える
実践的英会話術

2019年12月15日　初版第1刷発行

著　者　齋藤 慎太郎
発行者　瓜谷 綱延
発行所　株式会社文芸社
〒160-0022　東京都新宿区新宿1－10－1
電話　03-5369-3060（代表）
03-5369-2299（販売）

印刷所　株式会社暁印刷

ISBN978-4-286-21150-3